報導文學：旅遊系列 3/3

繁華當知來時路

北橫公路

蔡輝振 編著

天空數位圖書出版

往基隆

往蘇澳

太平洋

宜蘭市

壯圍鄉

宜蘭縣

01大溪老街

02神牛文化園區

03兩蔣園區

04阿姆坪生態公園

05角板山公園

06小烏來

07拉拉山神木群

08明池森林遊樂區

09棲蘭森林遊樂區

10泰雅生活館

11大湖風景遊樂區

12員山溫泉

13台灣戲劇館

14甲子蘭酒文化館

15宜蘭設治紀念館

16永鎮濱海遊憩區

目　錄

導言

　　本書以「繁華當知來時路--北橫公路」為名，意即：「北橫公路能有今日之繁華，理當感恩前人闢路養護的艱辛。」闢路固然艱辛，養護更是不易，尤其是在天災過後，滿目瘡痍，公路總局各區養護工程處的弟兄，必須冒著生命危險前去搶修與救援。誰無父母，誰無妻女，北橫公路沿途聳立的紀念碑，便是這些救災英雄最後的光輝。今日，當我們駐足於「巴陵大橋」的雄偉，流連於「拉拉山」而忘返時，有誰還記得昔日英雄的事蹟。

　　如今！「繁華競逐，那記得來時路！念往昔者，僅得悲悵相續。」只好學習王維：「行到水窮處，坐看雲起時」的心境，細說起北橫公路蓽路藍縷的歲月，以及今日之繁華，此即撰寫本書之由來。

　　北橫公路原名「省道台 7 線」，俗稱「北橫公路」，西起桃園縣大溪鎮，東止宜蘭縣壯圍鄉，全長 129.7 公里，含蓋桃園縣（大溪鎮、復興鄉），以及宜蘭縣（大同鄉、員山鄉、宜蘭市、壯圍鄉），計兩縣六鄉鎮。除主線外，尚有甲、乙、丙三條支線，分別連接棲蘭到梨山、三民到大埔、牛鬥到利澤簡三條支線。

　　本書之撰寫，以北橫公路為主，並以圖片輔助做說明，內容包含：開發篇、養護篇、生態篇、文化篇、農產篇，以及旅遊篇六個單元，是一本極富史學性、文學性，以及旅遊性等文化氣息的書籍。其目

的，在於提供各族群的需求，不管你是文史工作者，或是學術研究者，抑是旅遊族，皆能滿足而不假外求，尤其是救災英雄的精神，能讓吾人千古歌頌。拿著本書，背著行囊，不管是開車，或是搭公車，北橫公路走一回，知性之旅，將會讓你滿載而歸。

其中，開發篇之撰寫，以建造北橫公路的歷史為主軸，輔之期間所發生的事件，從日據時期談起。該公路的開墾，起因於臺灣總督府為開山理番，特開闢「角板山三星警備道(或稱角板山三星間道路)」，用以加強對原住民，尤其是泰雅族的管控。臺灣光復後，於民國三十九年間，臺灣省公路局計畫將原來的舊道拓寬，提出闢建北部橫貫公路的構想，並於民國四十七年完成踏勘與測量作業，民國四十九年則開始動工興建，民國五十五年完工通車，開啟歷史新頁。施工期間，足以影響成敗的關鍵，在於大曼大橋(後名大漢大橋)、巴陵吊橋，以及復興吊橋等三座大跨徑鋼拱橋的施作，因它們都橫跨大漢溪上游的溪谷，地形險峻，人煙罕至，人員與器材的進出極為不便。更困難的是，臺灣從未有這方面的技術和經驗，對負責施工的臺灣省公路局來說，實是一項嚴酷的挑戰，犧牲也在所難免。北橫公路能有今日的繁華，無疑是公路總局弟兄們的血淚所編織而成，讓人忍不住想為他們歌頌，為亡魂，為弟兄。

養護篇之撰寫，則以北橫公路之養護為主軸，輔之以救災英雄的事蹟。該公路的開通，是北部地區城鄉的生命道路，也是郊區與市區發展的重點路線。所經之處，山多水長、峰谷深邃，開路不易，養護更是艱辛。尤其是颱風過境或是豪雨傾盆，交通柔腸寸斷，滿目瘡痍

．公路總局第一區養護工程處與第四區養護工程處的弟兄們，經常不分晝夜，冒著危險搶通道路，完成災後復修工程。基於路人的安全、生態的保護，以及長遠價值性的考量，對於修復與平日養護，都須幾經環評後，依環境狀況施予不同的工法。近年，更為因應旅遊風潮，對於狹窄經常阻塞的路段，尤其是橋梁加以拓寬興建，並施予美化工程，公路養護的經典之作，到處可見，成為民眾最喜歡駐足的地方。如今，北橫公路的繁華，如此舒適耐用，其幕後功臣便是這群默默付出的養護弟兄，他們為守護這條公路，經常放下家庭，在第一時間前往危險的災區，與風雨搏鬥，稍有不慎，生命便有可能喪失，妻女倚門而望……真是情何以堪。縱不是天災，連日處在山區的工寮，飽受日曬雨淋、蟲咬之苦，其壓力和生病盡是每位同仁經歷過的苦痛，但他們無怨無悔、堅守崗位，只願國人平安，回到溫暖的家鄉。當我們興高采烈走在北橫公路上，望那「山巒疊翠耀金光，雲霧飄渺似神仙」時，誰會想起，真是「何處話淒涼！」

　　生態篇之撰寫，以北橫公路之生態為主軸，輔之以曾經發生過的事件。該公路沿著大漢溪進入蘭陽溪流域，經過高山、丘陵、梯田、平原和礫石灘等不同地形，加上氣候多雨與高低海拔的環境，形成許多生態系統。自桃園縣大溪鎮沿途便可見滿滿的樹林遍佈山頭，其中之紅檜巨林、臺灣山毛櫸、扁柏等都是臺灣生態界珍貴的樹種，加上大漢溪的滋養，從低海拔至中高海拔，種類多到不勝枚舉；臺灣黑熊

、褐林鴞、大紫蛺蝶等幾近於瀕臨絕種的寶貴物種，也經常在此出沒過。從明池進入宜蘭縣，又有高山與中低海拔的湖泊生態系，有著各類水鳥與水生植物，是生態學者與保育人士積極保護復育的重域，可譽為臺灣北部的生態基因庫。近年來，政府已規劃好幾座保護區與森林遊樂區，作為唯一通道的北橫公路，也肩負中央山脈與北部地景生態之廊道。

文化篇之撰寫，以北橫公路之文化為主軸，輔之以史前的遺址。該公路沿著大漢溪而建，早期係原住民聚居之地，亦是漢人拓墾的所在，在這條美麗的溪水上，從清朝雍正年間就有漢族墾荒的足跡。後來，日據時期之日本株式會社為從事樟腦生意，也相繼來此發展，是時大漢溪商業發達，一片繁榮富庶的景象。因此，北橫公路沿途充滿著原住民文化、日本殖民文化、以及以大溪為代表的漢文化所融合出的繽紛色彩，讓人置身於該處時，即可感受到三者文化所激盪出的歷史璀璨。

農產篇之撰寫，以北橫公路之農產品為主軸，輔之以蘭陽溪的礫石。如前所述該公路沿著大漢溪進入蘭陽溪流域，氣候多雨與自然環境的優勢，使得沿線鄉鎮發展出特有的農產品。由於水質清澈，以及當地的人文風采，使得大溪鎮的豆干香氣，遠近馳名；海拔高排水性

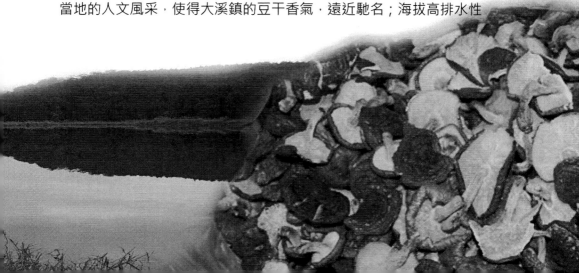

好的復興鄉，拉拉山水蜜桃與茶業，一直是遊客必嚐的伴手禮，而高經濟作物，段木香菇也成為該鄉的新寵兒；經年雲霧繚繞山頭的大同鄉，產出的高山蔬果，是臺灣的重要產區；擁有地勢優越的員山鄉，鄉內二湖鳳自然梨，其栽種保有傳統鳳梨滋味，也是老饕名下的訂單；蘭陽溪充沛的水源與肥沃的平原，讓早期宜蘭養鴨業大興，為保存過剩的肉類，創造現今人人皆愛的鴨賞風味，其它諸如膽肝、蜜餞亦是最具代表宜蘭市的農產品；蘭陽溪流到壯圍鄉，堆積許多礫石，正是瓜類最適宜的生長環境，尤其是新世紀哈密瓜研發成功後，便成為該鄉的驕傲，往後又更積極投入創新，不論是西瓜、香瓜、南瓜等，已儼然成為臺灣的瓜果故鄉。其蘭陽溪之礫石，更是建築業的寵兒，品質之好冠越全臺。

　　旅遊篇之撰寫，一般皆以景點介紹的方式進行，毫無創意。本單元嘗試以旅遊小說的撰寫方式，並藉由故事情節的推動，讓沿路景點一一呈現在讀者面前，仿如身歷其境，使之兼具文學性與可讀性。述說時，以北橫公路之景點為主軸，輔之以民生必需的訊息，內含啟發人生的哲理。該公路西起桃園縣大溪鎮，中間行經→慈湖、復興、明池、棲蘭、大同、員山、宜蘭，東止宜蘭縣壯圍鄉，起訖地名為：大溪～公館，全長 129.7 公里。其中，以復興至棲蘭最為美麗，為北橫之旅的精華路段。北橫西段的起點桃園縣大溪鎮，素以老街、木器、豆干而馳名，神牛園區、兩蔣文化園區，以及因偶像劇拍攝，一夕爆

紅的阿姆坪生態公園等地，皆是馳名的風景好去處。復興鄉的角板山與小烏來，是旅遊聖地，尤其是小烏來的天空步道，更讓你兩腿發軟，終生難忘，而跨於溪谷上方的復興橋、羅浮橋，亦是醒目地標；自羅浮之後，該公路一路蜿蜒於大漢溪畔，於榮華大壩稍做停留，你將會發現，上帝的傑作遺留人間；巴陵位居北橫西段的終點，也是北橫全線的中間點，是沿線最大的食宿據點，位於上巴陵的拉拉山風景區，每年六、七月的水蜜桃季，更吸引大批遊客上山嚐鮮。由巴陵續往東行經大漢橋，公路即一路爬升，進入宜蘭縣大同鄉後，抵達北橫東段最高點明池國家森林遊樂區，大同不愧是森林的故鄉，擁有：明池、太平山、棲蘭等三座高海拔國家森林遊樂區，以及中國歷代神木園區。接著是員山鄉，該鄉最有名當屬大湖風景遊樂區，湖域約十公頃，由南側山丘形成包圍地勢，為該區塑造出幽靜的空間美景，北側則是一片平坦的稻田，每當微風拂起，稻浪疊伏，阡陌縱橫的農村景致，更讓人流連忘返；其次為員山溫泉，該溫泉現存井一口，流出 38°C 的溫泉，可在溫泉池泡湯，尤其是在旅途奔波後，或是寒冬時節，你將會有意想不到的舒服。進入宜蘭市後，酒香即撲鼻而來，宜蘭舊稱甲子蘭或噶瑪蘭，甲子蘭酒文物館位於宜蘭酒廠內，館內展示各種古代酒器、飲酒文化、釀酒過程，以及酒廠今昔等資訊；其中，該酒廠釀製紅露酒迄今已 90 個年頭，堪稱出產紅露酒的重鎮；而宜蘭設治紀念館亦值得一遊，該館是一棟和洋式建築，建造用的檜木均是當時太平山的檜木，日據時代，是宜蘭郡郡守的宿舍，光復後成為宜蘭歷任行

政首長的官邸，戶外庭園老樹成林，尤其是一棵百年老樟樹，彌足珍貴，曾引起保存之議；如行程允許，不妨到臺灣戲劇中心，該中心位於宜蘭縣文化局內，是發揚宜蘭特色的專題博物館，館內收藏豐富，傳承臺灣民間戲劇、地方音樂等，設有透明片文物區、傳統戲臺，以及本地和現代歌仔戲劇場模型，並有視聽室、曲調介紹區，讓參觀者透過不同展示來瞭解歌仔戲，讓你迷戀於戲劇的風華世界，宜蘭不愧是戲劇的發祥地。北橫東段的終點是壯圍鄉，該鄉最值得踏青的地方，則是壯圍永鎮濱海遊憩區，適合全家大小休息賞景的好地方，該地方有永鎮廟可拜拜，也是遠眺龜山島的最佳視野，自行車道足以讓人宣洩體力，全家福的海邊戲水，更令人羨慕不已，它帶著清純無私的姿態歡迎你。最後，可選擇留住一晚，宜蘭的民宿多采多姿，選擇回家，10 分鐘以內即上國道五號高速公路，非常便捷。

本書之出版，本由交通部公路總局委託，天空數位圖書公司承攬，並與本中心產學合作，本人忝為主持人兼總編著工作，同時率本所學生張瓊宇、黃彥融、黃芳儀、李珊瑾，以及鄭兆鈞等人員所組成的團隊，並由總策劃廖吳章、編審委員魏家民、張榮福、陳源鑫、陳文昌、莊世政、陳忠誠、陳鶴仁、謝金峰，以及陳昶志等委員的審核與建議，以至最終的定稿。然當本書要付梓之際，鈞長突然喊停，後經協調雙方同意解約，什麼原因我也不知道？只知本團隊半年來的心血將付之流水，尤其是我對學生的歉疚，始終在心頭。

　　歲月悠悠！事隔十年，當我再度重遊北橫時，心中突然響起〝繁華當知來時路〞，腦海更浮起當年學生們失落的神情，尤其是我認為養護弟兄的事蹟，應該要流傳下去，讓後人景仰。於是！本人決定自費出版，以了多年心願，此即本書今日付梓的由來，在此一併交代。

　　有關參考書目，則因註釋上已有交代圖資來源，故不再重複列參考書目；有關本書之資料提供者，或引用來源資料難以查證者，在此先致謝。凡圖片無註明來源者，應是本團隊所攝，或委託單位所提供。當然！本團隊如有缺失，還望先賢指正，學生蒐集資料如有不慎侵權時請告知，本團隊將立即改正，特此聲明！最後，僅賦詩一首，為北橫公路而犧牲的英魂，為守護北橫公路的救災英雄，致最崇高的敬意！

橋彩雲嵐山嶂澗，桃香果蜜翠巒藏；

鷹旋鼠竄森林戲，泰雅風情又一章。

風雨多情空憾事，養護兄弟一身當；

繁華應曉來時路，莫使英雄話愴涼。

國立雲林科技大學漢學所教授兼典藏中心主任

蔡輝振 謹識於台中望日台

2012 年春撰

2021 年夏修

壹、開發篇

　　交通是文明之母，國家民族強盛之根本，交通越發達，則經濟活動越活絡，社會越繁榮，國家民族就越強盛。所以，凡是交通便利之處，人口將綢密的聚集一起，人文薈萃是文明中心的代表。交通建設猶如一個國家民族的血管、神經、淋巴系統，越是發達，循環越見順暢，是一個國族體質強壯的象徵。

　　交通的建設能促進產業發展，提升國家競爭力，它是國家發展的舵手與明燈，提供吾人便捷的生活，推動社會的進步，帶領國家邁向現代化、國際化。

　　在所有的交通建設中，對人類影響最大、最深遠，也是歷史最悠久者，則是道路交通。道路是人類自草昧時期以來求生存的命脈，是所有經濟活動的根本，也是一切建設的基礎，更是一切文明與建設的依歸。

公路局宜蘭站舊觀
圖資來源：《進步的宜蘭縣》(1958年：頁 28)。

蘭陽自動車株式會社
圖資來源：高淑媛《宜蘭縣史大事記》(宜蘭縣史館，2000 年：頁 30)。

在 17 世紀以前，臺灣中部以北尚未開發。清雍正時期，漢人並不多，以原住民族為主，以打獵、游耕維生。據清康熙三十六年（1697 年）浙江仁和諸生郁永河，奉命渡臺到北投採硫礦時所著《稗海紀遊》，可知當時開闢之地域，是以臺南為中心，半線（彰化縣）以北概屬榛莽之地，當時多土石路，車馬不易通行。郁永河原擬由安平取道海路而赴淡水；後聽引導者勸告，謂海路危險才改由陸路前往，率從者數十人，乘牛車自臺南出發而後抵達北投，總共走了 40 餘天，可見昔日臺灣交通，全賴牛力與人力，交通非常不便。[1]

自民國三十八年國民政府遷台以後，即致力於臺灣發展，尤其是交通道路的建設。所以，有關北橫公路之開闢，將分為草創期、拓展期，以及延伸期等三時期來加以細說分明：

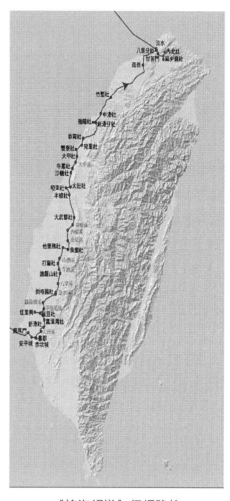

《稗海紀遊》行經路線

---

[1] 參見張建俅、張秀蓉等《嘉義縣志‧卷七‧經濟志》（嘉義縣政府，2010 年）頁 320；圖資來源：唐立宗整理 中央研究院臺灣史研究所，網址：http://thcts.ascc.net/template/sample8.asp?id=rc14。

一、草創期：往路崎嶇還記否

日據時期，臺灣公路之開拓實與軍事目的有關，自日本政府進駐臺灣初期已利用手工築成公路多段。明治三十七年（1904年）起，先由南部計畫實行保甲民眾修築保甲道路，中北部亦相繼仿行。大正五年（1916年）起，開始修築原屬軍用道路之縱貫公路，修築時仍由各保甲派出義工施作。至日據末期，鄉鎮村里間公路已大抵完成，惟均屬砂石土礫路面，路寬只在2公尺至6公尺之間。

臺灣光復以後，除陸續拓寬原有公路加鋪高級柏油路面外，再因農地重劃，基層民生建設，實施都市計畫等關係開闢多條公路，現今各村每鄉住戶均有道路通達。

北橫公路的建設，起始於「角板山三星警備道」，該道路於日據初期，臺灣總督府為了開山理蕃，包含了防蕃、撫蕃、討蕃等功能，在大漢溪上游一帶，為方便對當地的「北蕃（泰雅族）」人展開綏撫與武力征伐，也就是「隘勇線前進」計畫，即向蕃地縮小圍堵範圍，以謀取「蕃產（山地資源）」、殖墾「蕃地」，故開始修築桃園廳（今桃園縣）角板山（位於今日復興鄉）至宜蘭廳（今宜蘭縣）員山之間的山地道路，特稱為「理蕃道路」。該道路西起桃園縣大溪鎮，

角板山三星越嶺道的角板山路段
圖資來源：桃園縣政府文化局。

經頭寮、三民、角板山、棲蘭；東至宜蘭縣三星鄉，全長 122 公里[2]，屬於警備道路，徵沿線住民以義務勞役的方式施作。起初取名為「拉拉山角板山道路」，包含今日所稱「福巴越嶺古道」。之後改稱「角板山三星警備道」，或稱「角板山三星間道路」，即現在北部橫貫公路的前身。[3]

1911 年日軍發動理蕃戰爭鎮壓桃園 gogon(合歡山後山群)，屬三星至巴陵山地道路之發軔，圖為朋朋山之砲營陣地。
圖資來源 :《宜蘭第一》，廖英杰翻拍自《蕃匪討伐紀念》。

1911 年日軍於婆耀山砲營陣地炊煮圖資來源 :《宜蘭第一》，廖英杰翻拍自《蕃匪討伐紀念》。

　　角板山三星警備道是沿大漢溪西岸開鑿，並在東岸雪霧鬧沿等高線開設支線，經鷹山下稜接高義蘭鐵線橋至高義蘭 (高義)。除了貫穿中央山脈北部重要交通外，沿途並設置許多的警官駐在所，如高坡、大灣、高義蘭、巴壟、萱原、四稜、西村等，使這條道路才能發揮統治、管理與教化原住民的功能，共歷 5 年竣工。而角板山道路中有著

---

[2] 該公里數所指為日據時期公路的總里程。

[3] 參見臺灣總督府警務局編著:《理蕃誌稿》，臺北 : 臺灣總督府警務局，1918～1938 年出版。

名的三大鐵線橋，分別為：拉號鐵線橋（今復興橋）、巴壟鐵線橋（今巴陵橋）、塔曼溪鐵線橋（今大漢橋）。

　　臺灣光復以後，民國五十二年，中華民國政府以角板山三星警備道為基礎，開始修築台7線北部橫貫公路，至民國五十五年完工通車。而原先的三大鐵線橋亦另行施作為復興橋、巴陵橋，以及大漢橋等現代化公路鋼橋。

　　在桃園復興鄉的巴陵地區，是拉拉山角板山越嶺道與角板山三星道路兩條警備道路的交會處，也是三光溪與

巴壟鐵線橋紀念柱

玉峰溪在此匯流成大漢溪的地方。當時日軍曾在此處設有砲臺、駐軍分遣所及簡易自來水等設施，主要是作為管制原住民的據點。而在角板山三星越嶺道，有著名的巴壟鐵線橋紀念柱及巴壟隧道，巴壟鐵線橋紀念柱長約 10 公尺，是大正三年（1914年）巴壟鐵線橋落成時，由當時的臺灣總督府土木局豎立的，其正背面分別刻有「大正三年十月成工土木局」等字樣。

巴壟鐵線橋紀念柱正背面分別刻有「大正三年十月成工　土木局」等字

有關「角板山三星道路警備道路」之開闢，從設碑石緣起可窺一般：

角板山三星道路警備道路幹線，直屬臺灣總督土木局的直營工事：此項重要道路工程，西起角板山經拉號〈羅浮〉、高義蘭、巴陵、塔曼溪、池端〈明池〉、到宜蘭三星支廳的土場，工期起自大正一年（1912年）、至大正五年（1916年）完工，此道路為聯繫桃園、宜蘭兩廳山地重要道路，為今日北橫公路的前身。此道路完工後總督府土木局曾另增加修補工程，於大正六年（1917年）完工。

在施工期間重要之建設列舉如下：

★.巴陵鐵線吊橋工程：於大正三年（1914年）完工。

桃園巴陵至宜蘭三星（叭哩沙支廳）的叭哩沙支廳路段
圖資來源：《宜蘭第一》，宜蘭縣史館，廖英杰提供。

丸山鐵線橋（牛鬥橋前身）
圖資來源：《宜蘭第一》，宜蘭縣史館，廖英杰提供。

★.日據圓山吊橋工程：宜蘭廳叭哩社支廳防線內，橫跨圓山至牛鬥間之大吊橋，大正四年（1915年）開工，大正五年（1916年）竣工。

★.施工環境艱辛與耗費：基本地理環境山高水急、路途遙遠、無支援助力。隘勇線前進期，沿線均為最危險一級警備區域，隨時有泰雅族人出草危機。耗費大量人力於建設、維安、與後援人力等，以及大量財力支援。

★.總督府土木局將桃園至宜蘭警備道路完工後，持續執行蘇澳至花蓮港道路開闢工程，於大正五年（1916年）開工。

★.依據紀念碑字形排列，應類似銘文、告慰忠魂犧牲紀念文等，惜僅紀念兩字可見。[4]

以上是為草創期在日據時代闢建北橫公路的情形。

日治時期巴陵吊橋遺跡緊鄰紅橋左側

「角板山三星道路警備道路」碑石遺跡

4　參見日據臺灣總督府警備道路建設紀念大石碑，桃園山區守護員「大雄的部落格」，網址：http://tw.myblog.yahoo.com/min351205/article?mid=-2&prev=295&l=f&fid=6。

民國 40 年北橫拉號至高坡間路段

圖資來源：《臺灣省北部橫貫公路勘測報告》民國 47 年 12 月臺灣省公路局編印。

二、拓展期：千錘萬擊出深山

日據時期，角板山三星警備道雖已開通，然路面狹窄彎曲，顛簸難行，多是砂石路，其橋梁的載重小，僅能供給警備理蕃之用途。

臺灣光復後，於民國三十九～四十年間，臺灣省公路局[5]計畫將原

---

5 **交通部公路總局溯其沿革：**

「臺灣省公路局」成立於民國三十五年八月一日，由當時臺灣行政長官公署交通處鐵路管理委員會汽車處改組而成，負責接管公路運輸業務，同時並代辦交通部公路總局所委託之公路監理行政工作。

民國三十六年五月臺灣省政府成立後，隨之改名為「臺灣省公路局」，隸屬於臺灣省政府交通處。民國三十八年續接管「臺灣省公共工程局」所掌全台公共工程業務，自此公路局之業務範圍包括公路工程、公路運輸、公路監理三大類別。

民國六十九年十月一日依照「公路法」之規定，經報奉核定，將公路局所掌之運輸業務劃出，另外成立「臺灣汽車客運公司」，並依照新修正之組織規程改組，於是公路局所掌業務調整為公路工程與公路監理二大類別，迄

來的舊道拓寬，提出闢建北部橫貫公路的構想，並於民國四十七年三月執行踏勘與測量作業。民國五十二年三月開始動工興建，歷經三年又兩個月，終在民國五十五年五月完工通車。其工程起自復興鄉溯大漢溪，經羅浮、高坡、榮華、蘇樂、巴陵、萱原、四稜、西村，入宜蘭縣境，貫穿中央山脈，再經明池以迄棲蘭止，皆由國人自行開闢。

　　有關北橫公路的拓展，將分成：路線測量、道路拓建、隧道開闢，以及橋梁建設等四個單元，茲說明如下：

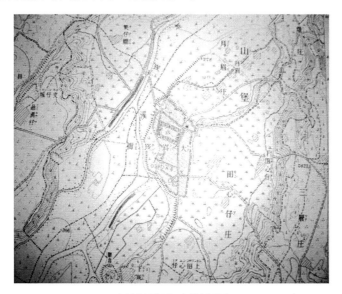

大嵙崁街與大嵙崁溪
翻拍自《臺灣堡圖》（臺灣總督府臨時臺灣土地調查局，1904 年臺灣日日新報社出版），1996 年由遠流出版社重印。

至民國八十八年七月一日因精省再改隸直屬交通部，嗣「交通部公路總局組織條例」業奉總統於民國九十一年一月二十一日公布，並報奉行政院核定自民國九十一年一月三十日施行，機關全銜復更名為「交通部公路總局」，公路總局約六千多位員工，續就公路交通建設、公路監理業務，簡政便民，服務全國民眾。

1.路線測量：

　　北橫公路是沿著大漢溪而建，大漢溪為淡水河上游，原名大嵙崁溪，其源頭溯至雪山與大霸尖山之間的塔克金溪，流經巴陵後始稱為大嵙崁溪，其流域蘊釀出的文明稱為：大嵙崁文化。

　　在日據時期，日本為長期統治臺灣，為戰死的日本軍人設公園或紀念碑。大溪公園原為墓地，日人於此建起忠魂碑；明治年間並在公園內建「大溪神社」供人參拜。後因昭和天皇裕仁訪台，途經之羊腸小徑，經後人改成石板道後取名為「御成路」。

　　臺灣光復後，各項建設百廢待舉，政府開始管理日治時期留下來的建設，並於民國 42 年大溪鎮的崁津公園（大溪公園）改名為「中正公園」，同時也將大溪公會堂改為「總統行館」，蔣總統介石先生過世後，改設為「總統　蔣公紀念館」。

總統 蔣公紀念館

　　由於大溪公園緊臨大漢溪，風景優美，蔣公經常蒞臨該地，以致大溪鎮的交通、治安、清潔，以及道路景觀等各項建設都比其他鄉鎮還好。也因蔣公時常造訪大溪公園與慈湖等地之故，因此執政當局遂有將角板山三星警備道拓寬，以至闢建成今日之北部橫貫公路的構想。由此，臺灣省公路局便展開踏勘與測量的計畫，並在報告書[6]上說：

6　《臺灣省北部橫貫公路測量報告書》係臺灣省公路局於民國四十七年十二月內部編印的書籍，本單元之說明係參引該書，圖片亦翻拍自該書。

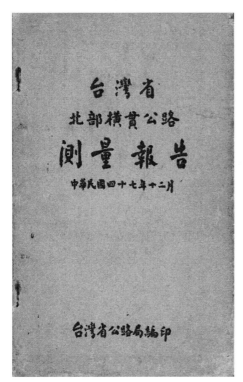

北部橫貫公路起自桃園縣，經大溪、澤仁（角板山）、拉號、高坡、萱原，越中央山脈分水嶺，經大政、小林至梵梵與東西橫貫公路相接，東迄宜蘭縣。全長凡139.7公里（現今為129.7公里），四季氣候宜人。沿線森林、煤、茶、竹、花生及礦物等產量豐富，極具開發價值，日據時代早有籌建之議，嗣以太平洋戰事爆發致成泡影。今抗戰勝利，本省光復，政府遷治以還，本省（臺灣省，以下同）不僅為自由中國復興基地，且為亞洲反共堅強堡壘，人口激增，各項建設突飛猛進。政府覽及富國利民，開發山地提高山胞文化，繁榮農村，增加生產，配合國策，開發資源皆以交通為先決條件。倘本路修竣不但大量森林、煤礦可藉以開發，本省北部交通可於4 小時內貫通東西部，實有修建之必要。本省曾於民國三十八年組隊入山實地勘察。奈以工程經費不逮，未克興工。邇來政府勵精圖治，百廢俱興，省內各大建設突飛猛進，為開發山地資源縮短本省北部東西交通，鞏固國防，本路修建實急不容緩，本省於客歲複組隊勘測，詳擬計畫編製工程概算以籌動工。

復謂：為明瞭該路線實地情形，於民國四十七年元月再度組隊由桃園縣大溪鎮晉山複勘，經復興鄉角板山至梵梵迄宜蘭全長 139.7 公里。桃園經大溪至角板山一段長 37.6 公里業經修建完成，並已鋪築高級路面，由桃園客運公司行駛有年；梵梵至宜蘭一段長 33 公里，屬中部東西橫貫公路路線範圍業已竣工通車。僅角板山至梵梵段長 69 公里又 144.22 公尺，為計畫興建路線，歷時一週循前日人所闢巡山小路詳加勘察，沿途所經地勢尚堪利用，遂於同年四月組隊進行初測，以供來日定測之參考。

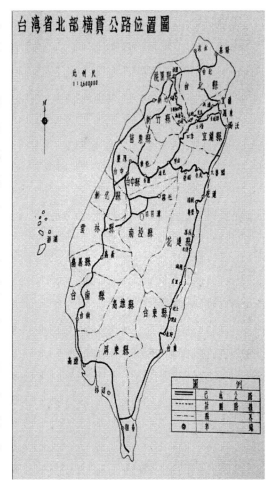

台灣省北部橫貫公路位置圖

　　自角板山至梵梵全長 69.144 公里，前日人均開有巡山小路，路幅狹者幾十公分，寬者約三公尺，平均坡度 4%尚屬平緩；惟年久失修，屢遭颱風豪雨災害，坍方勢所難免，崩坍處通行稍有困難，其中約 70%尚大致完整，部份小道將來可拓寬改為合標準之公路。

　　本路最艱鉅工程，以隧道與橋梁為首。沿線前日人原開有人行隧道三處（自角板山至梵梵段）寬約二公尺，高三公尺石質均佳。人行吊橋七座，長者二百餘公尺；短者三、四十公尺，寬約一公尺，專供行人之用，載重量薄弱，且完工迄今均達四十餘年之久，五座已告斷毀，僅存巴陵、大曼兩橋，人行其上搖搖欲墜，危險萬分。其中四座將來路線可繞在河流上游，改建鋼筋混凝土橋，另一座雖不方便繞道，但亦可於原橋下游改建鋼筋混凝土橋，橋身既可縮短又可收一勞永逸之效。惟巴陵、大曼兩吊橋以地勢所限兩岸石壁聳立，繞道改線均較困難，且不經濟，擬拆除舊橋在原址或附近改建新吊橋。至於隧道便隨著吊橋而改道，這兩座新吊橋的基地，其石質均佳易於擴寬，且不須襯砌施工尚無困難。

　　有關路線測量經過，該書又說：本隊於本年（民國四十七年）三月中旬奉令組隊勘測，因大部職員皆由大雪山工程處調用，其調用職員一身兩顧備感匆忙；測工除由大雪山工程處各工務段及東西橫貫公路測量隊調用部份外，餘均臨時雇用。凡測量應用物品、儀器、帳蓬、醫藥、炊具，以及開路補給、運輸等簡便器材，皆於三月十八日大雪山運材卡車道路通車典禮後，分頭定製採購，三月末旬一切粗告就緒，同月三十日集會於桃園縣大溪鎮辦妥入山手續，翌晨分批進山。

　　因山地地形峻陡樹木參天，茅高逾人荊棘叢生，且峭壁坍方塞途，工作極感困難。時適五、六月山地雨季，每日下午必驟雨一、二小時，

妨礙工作進展。測量期間計雨天 32.5 天，颱風兩次，凡小雨或短暫驟雨均設法暫避，一俟雨過天晴仍繼續進行工作不輟，故時常遍身透濕狼狽而返。因豪雨或颱風迫不得已而停工者僅 9.5 日；颱風災害搶修補給路線停工六日。深入高山交通不便，雇工困難，實際工作僅 109.5 個工作天，每個工作天平均進度 650 公尺。

全隊工作係照本局東西橫貫公路測量隊編制，其人員之工作分配為：選點、中線、水準基點、縱斷面水平、橫斷面水平、地形（兼沿線資料調查）、繪算及總務八組同時進行。其中：

選點組之定線原則係採用實地定線法，因根據東西橫貫公路各測量隊經驗，利用視距導線法測繪地形供作紙上定線，然後參照紙上定線資料再作實地定線，以山地地形複雜、巨木林立、野草叢生，測設導線頗感困難，進度遲緩難臻理想。又以限期短促難能配合規定進度，故本隊改用實地定線方式，先就踏勘報告書及路線草圖所經重要地點，分段設定控制點，嗣以手提水平儀測得各該點標高，精確估計兩點距離，預估平均坡度，然後就地逐段配合地形選立中線交點（I.P.）繼用羅盤儀測量 IP 偏角，丈量兩交點間距離，計算各該段坡度，以作最後定奪。中線交點插定後，繼而徹底砍草伐木，剷除障礙物，瞄插中間轉點（T.P.）。

中線組根據中線交點測設曲線，丈量中線距離，釘立里程木樁。而限於地形複雜未臻理想之處勢所難免，且以時限短促，期於雨季前測畢下山，故未即時另行改線測量，改正之處均於設計圖上一一註明，並經作初步紙上改線修正，可於施工測量時設法改善之。

水準基點組沿路以每隔 400～500 公尺間即測設水準基點一處，全線共 137 個，均設於距路線中心兩側約十餘公尺岩石或大樹上。水準點標高係採用雙轉點法往復兩次校核，如誤差超逾標準則重測。

而縱斷面水平組則根據水準基點組所測設水準基點標高，逐段施測中線各樁號高度，並以雙轉點法核對各水準基點標高，誤差倘超逾規定時，便與橫斷面水平組兩組同時回頭重測校對，至發現其錯誤所在為止，故水準測量之精確均符合規定。

橫斷面水平組工作最為辛勞艱苦，每遇陡壁或坍方，全體員工無不小心翼翼，牽籐附葛危險萬狀，且所經山地為全省有名毒蛇地區，百步蛇青竹蛇等日必數見，工作時不得不步步留意以防萬一。調查工作項目繁多，諸如沿線土石成份，橋梁涵洞溝管位置暨河川流量，工程材料供應，飲用水源等等。且以設備缺乏，對土石成份或基礎探測，僅賴人工挖掘。至於大橋及隧道附近地質亦僅能就附近地質詳加觀察研究，限於設備未克即時作小規模之鑽探，待以後邀請地質專家會同勘察及探鑽以利設計施工。

繪算組負責複核各組每日測量成果記錄，以及設計繪製各項圖表。各沿山地測量較之平地倍感辛勞，每日十小時爬山越嶺，工作於風雨之中或烈日之下，苦不可言喻，故外勤員工實難兼顧內業工作，每日收工歸隊雖漏夜分別核算各組測量成果記錄，仍難免掛萬漏一。故所有各組記錄均經繪算組同仁再度詳加複核，一有錯誤翌晨便交外勤各組即時重測更正。

總務組則掌管內外供應，運輸搬遷，以及工人管理等一切雜物，其忙碌可想而知。需處處籌劃周詳，對全隊員工數十人口需三、四百

斤糧食，以及日常用品供應均需及時解決，而不能有中斷情事發生，雖於六月四日及七月十四日兩度颱風來襲，交通斷阻供應不繼，幾至青黃不接，每日僅能以兩餐或稀飯充飢，但全體員工仍本大無畏精神繼續工作未嘗中輟，誠屬難能可貴。搬家是為全體員工最頭痛煩惱的事，因路線首尾靠近村落雇工較易，但深入山地後就難請到工人，只好依賴全隊員工親自背運，並勉強維持部份可能影響進度之工作，由此可見山地工作之困難。

其測量的路線狀況為：

★.高坡 10K+000 至高義 23K+700 段：

此段為高坡南經榮華、比野瓦至高義。距高坡 19K+260 抵仙月吊橋，該橋建於民國元年，長六十公尺。橋面高距溪底三十餘公尺，僅可行人。

★.巴陵 29K+800 至萱原 37K+300 段：

此段跨巴陵、大曼兩吊橋，為本線工程最艱巨一段。自運材路終點南行，僅有前日人所闢巡山小路可循，石壁較多，人行小路寬僅數十公分，南 860 公尺至巴陵吊橋，該橋係日人所建，竣工於民國三年，今尚可行人，橋長一百六十公尺，寬二公尺，橋面高距河底五、六十公尺。該橋為巴陵、光華、星星各部落山胞交通孔道，因年久失修安全堪虞。橋之兩岸石壁似難繞道，亦難改位址縮短橋長。故擬於原址拆除舊橋改建新吊橋一座，以至到大曼，沿線土質奇劣、坍方特多。原有人行小路最寬者不及二公尺，一公尺以下逾半。且多為坍方梗阻通行艱難。前日人在 34K+240 處修建有長七十餘公尺人行吊橋一座，橫跨大曼溪，寬一公尺高，距溪底約五十公尺，為地形所限似難繞道

改線。因此也擬在原地偏 20 度另建新吊橋一座，可較原橋縮短十餘公尺。橋之東端山坡岩石已行風化，坍毀長約 90 公尺，為本路線較嚴重坍方之一，經此爬高二、三十公尺跨越坍方，再下至小路而行，下臨深淵頗為危險，此段測量施工均較困難。

★.萱原 37K+300 至西村 44K+700 段：

萱原為日據時代日人控制巴陵、光華、星星各村之據點，今仍留有彈藥庫等建築物遺跡，經年風吹雨打、殘垣斷瓦，蘆葦叢生倍感荒蕪。自萱原東南行五公里至四稜，前日人在此設有警官駐在所，遺留巡山小路稍較完整，路寬約一公尺至二公尺不等，坡度亦較平順，惟自此東進漸入無人煙地帶。萱原至西村為毒蛇最多區域，全線員工無論日夜，無不戰戰兢兢，提高警覺以防不測。

★.西村 44K+700 至池端 50K+900 段：

此段曲折盤桓，因年久乏人行踏，蘆高逾人，雜草叢生，原窄小路，久乏人行。抵達池端則有天然池塘一口，其水平如鏡、野鴨群飛戲水，令人心曠神怡，不覺雀躍高歌。

沿線水源分佈則為：路線沿山行進用水極感困難，路線沿溪行進，支流較多，覓取水源尚較容易，遇越嶺之際，二、三公里無一處水源情形比比皆是。施工期如值旱季，部份山泉可能乾涸，影響施工頗大，沿線除淡水、巴陵、大曼、西村、大政諸橋位於山溪，以及田丸、小林等處係屬主流上游為較大山溪，水源可不虞匱乏外，其餘山泉水量多少情形不一，欲求可供 500 人以上飲用者極少。上述較大山溪與路線高低落差亦大，日後施工抽水設備不可不預為考慮，統計全線大小水源共 75 處。

為使工程順利進行，特邀請榮民配合施工。該工程預定施工期限三年內完成，為克服山地交通不便，補給及材料運輸困難，宜採逐段推進施工。全線除橋梁、隧道、駁坎、涵管等工程因技術性較高，發交富有經驗之廠商承辦外，其餘土石方及路面等工程則統由榮民承辦。

其機具設備為：自 0K+000 至 30K+000 可通汽車路段，如能用機械修築則效率更高，惟須先行加固沿線木便橋推土機才能通過。此 30 公里路基土石方計約 425,000 立方公尺，於六個月內該段路基土石方工程可全部完成，於第一年內便可暢通無阻。至 30K+000 以後不通車地段，全賴人工運輸無法利用笨重機械，如能配以小型輕便機具，則可提高施工效率。

有關工程材料儲運：則以砂石選擇適宜地點軋打後，以手推搬運應用，否則須用人工打碎，工程費較昂，故除於工地軋製備用外，實無其他較經濟良策。

民國四十年代施工人員為開闢北部橫貫公路進行測量

由以上說明可知，北橫公路之建設，與蔣總統介石先生常造訪大溪公園與慈湖等地有關，臺灣省公路局又為開發山地資源、縮短本省北部東西交通，鞏固國防等理由，而遂有闢建之議。並於民國四十七年三月中旬奉令組隊勘測，初勘全長凡 139.7 公里（ 現在 129.7 公里 ）。並據中部東西橫貫公路之開闢經驗，循前日人所闢巡山警備道為基礎詳加勘察，沿途所經天然資源均予運用。過程中深入窮山惡水，交通不便，常遇颱風豪雨、坍方等災害，且所經山地為全省有名毒蛇地區，

危險萬分，加以水源等資源匱乏、人力不足情況下，每每又需以人工挖掘、搬運，過程極其辛勞艱苦，然而在榮民配合施工的助力下，仍勉力於 3 年期限內完成，凡我用路國人當知道路闢築之不易，理應感恩惜福。

2.道路拓建：

北橫公路是以日據時期的角板山三星警備道為基礎，再加以拓建的道路。在區域規劃上，該公路跨越桃園和宜蘭二縣，工程分二階段進行擴展：

第一階段：西起桃園縣大溪鎮，東迄宜蘭縣宜蘭市。

第二階段：由宜蘭市區延伸至壯圍鄉公館，該階段於「延伸期」再做說明。

所以，今日北橫公路路線為：西起桃園縣大溪鎮，東迄宜蘭縣壯圍鄉。全長129.7 公里，沿途橫越雪山山脈闢建工程艱鉅、規模浩大。

羅浮石碑

其中，大溪至棲蘭（0K+000～86K+000）路段大都高山丘陵之路段；而棲蘭至公館（86K+000～129+700K）則屬較平坦之平原丘陵路段。

在羅浮至棲蘭（23K+000～86K+000）路段，由於貫穿雪山山脈，故稱「北部『橫貫』公路」，該路段才是原「北橫公路」，後為方便才統稱台 7 線為北橫公路。

該公路的地勢陡峭、地形險峻,路寬僅 5～8 公尺,車行不易,然而風景卻極為秀麗。正如北宋·王安石所說:「世之奇偉瑰怪非常之觀,常在於險遠,而人之所罕至焉。」

北橫公路第一階段的關建,沿途行經 5 個鄉鎮市區,分別為:

(1)桃園縣大溪鎮:由大溪市區為起點,經三層、頭寮、慈湖、百吉,以及三民。其中之三民可銜接台 7 乙線。

(2)桃園縣復興鄉:由三民經枕頭山、角板山、霞雲坪、復興橋、羅浮(羅浮橋)、斷匯、高坡、大灣、雪霧隧道(雪霧鬧)、羅加、榮華、卡議蘭(棲蘭)、比亞外、高義(高義蘭)、蘇樂(蘇老)、合歡、巴陵(巴陵橋)、大曼(大漢橋)、萱源、四稜,以及西村,該村為桃園與宜蘭縣界。

(3)宜蘭縣大同鄉:由西村經田丸、明池(池端)、四道班、繃繃溪(芃芃溪)、一道班、棲蘭百韜橋、英士村(芃芃、繃繃、牛鬥橋)、松羅、泰雅大橋、大同(崙埤村),以及冷水坑。其中之棲蘭百韜橋可銜接台 7 甲線中橫宜蘭支線,也就是原北橫公路終點;英士村可銜接台 7 丙線,泰雅大橋也可銜接台 7 丙線。

(4)宜蘭縣員山鄉:由冷水坑經粗坑、再連、上深溝、內城、員山水源地、尚德村,以及外員山。

(5)宜蘭縣宜蘭市:由外員山經金六結到宜蘭市區。

以下是當年開闢北橫公路的情形:

蓽路藍縷以啟山林，民國四十年代施工人員開闢北部橫貫公路實況。

民國四十年代施工人員合力用小型機具鑽岩

民國四十年代施工人員闢建情形

民國四十年代施工人員施作之餘就地小憩

民國四十年代施工人員闢建情形

民國四十年代施工人員闢建時徒手埋置炸藥

民國四十年代以堆土機闢建情形

民國四十年代以堆土機闢建情形

民國四十年代闢建情形

民國四十年代施工人員在懸崖峭壁上開出險道

民國五十年代開闢路面尚未鋪設柏油

民國五十年代的山區路段行車情形

圖資來源：森保處

3.隧道開闢：

　　北橫公路沿線之隧道主要有：百吉隧道、榮華隧道、雪霧隧道，以及巴陵一號與巴陵二號等隧道。其中之榮華隧道僅 58 公尺長，也較無值得去說明者。故以下將以百吉隧道、雪霧隧道，以及巴陵一號與巴陵二號隧道來分別說明：

★.百吉隧道：

舊百吉隧道

　　百吉隧道位於兩蔣文化區往宜蘭方向的前方。百吉地區舊稱八結，是清領時期大嵙崁（大溪）進出角板山、後山泰雅族群地區之間的重要關口，為當時漢番接壤要地。日據時期臺灣總督府為方便管控與開發番地之需，在大嵙崁至角板山之間闢建輕便軌道，昭和十七年（1944 年）舊百吉隧道亦據此而興建，為「角板山戰略據點」，是人行、防空、疏散的專用隧道。

新百吉隧道

　　臺灣總督府並在隧道內鋪設「手押臺車」輕便鐵路，此為日據時期臺灣因應產業需要的輕便型交通工具，臺車行駛於輕便軌道間，為日據時期臺灣主要的交通建設。

　　大溪舊百吉隧道長約 344 公尺，過去受管制保護，因洞內漆黑，伸手不見五指。舊百吉隧道原屬北部橫貫公路北橫公路要道，為單向

車輛管制道路系統，當時臺灣省政府主席黃杰曾在隧道口題〈百吉隧道、北段橫貫公路〉牌匾。

後因不符公路需求，公路總局另行闢建「新百吉隧道」。自從可以雙向通車的新百吉隧道開通後，舊隧道於民國八十二年封閉。

其新舊百吉隧道沿革為：昭和十七年（1944 年）臺灣總督府闢建大嵙崁至角板山之間的輕便軌道，舊百吉隧道首度開通，供徒步通行。

民國四十六年發生土石崩坍而中斷的事故。

民國五十七年以鋼筋混凝土重新建造，寬 4.5 公尺，臺灣省政府主席黃杰題〈百吉隧道、北段橫貫公路〉牌匾。

民國八十二年雙向雙線的新百吉隧道通車，舊百吉隧道功成身退。

民國九十六年舊百吉隧道整修作遊憩步道，開放觀光使用。

★.雪霧隧道：

雪霧隧道位於桃園縣復興鄉北橫公路 31K+110 附近，總長約 375 公尺，屬單孔雙向車道，是通往拉拉山風景區之重要道路。該隧道於民國八十三年完工通車後，即產生隧道變形、襯砌開裂、滲水，以及道路下陷等損壞，尤其是民國九十三年與民國九十四年之颱風所造成的災害尤甚。公路總局於民國九十五年十一月完成馬莎颱風災損修復後至今。

北橫公路因具有多處風景區，其車輛往來頻繁，但路幅狹窄，彎道、陡坡、隧道不斷、氣候多霧，以及陰雨，加上先前未架設隧道照明燈光，以至行經該路段車輛常因視線不良，或超車不當發生交通事故，被當地鄉民譏為「死亡隧道」。後經公路總局第一區養護工程處復興工務段架設照

明設備，現已改善不再發生交通事故。

★.巴陵隧道：

巴陵隧道有一號與二號兩隧道，前者總長 68 公尺，後者總長 68 公尺，位於往宜蘭方向，到巴陵大橋前右轉即可看到。在現存的一些古道中，大概可以區分為兩種：一種是某些族群為了交易、狩獵、採集等因素，經常行走而自然形成的小道，如宜蘭的草嶺古道；另一種則是統治者為了政治、經濟、軍事的考量，而刻意開鑿的官道，像角板山三星越嶺道就是典型的例子。其中之「巴壟隧道」在進入巴陵二號隧道內，靠近出口處還有一個分岔的小隧道，就是鐵線橋時代的「巴

巴壟隧道

壟隧道」。隧道口很小無任何標示，很容易誤認為隧道內的通風口。總長約 30 公尺，全是手工開鑿。隧道口上有「善攻者動於九天之上」的紀念題字，是由當時國軍長城部隊師長，摘錄自《孫子兵法》，極具歷史意義。只可惜年代已久，字跡模糊不清。

日據時期的鐵線橋蹤跡已消失，但今日在巴陵二號隧道內，尚存鐵線橋時代的「巴壟隧道」，與對岸的巴壟橋竣工紀念碑遙遙相望，見證了角板山三星警備道的開發歷史。

竣工於民國五十五年六月的巴陵舊橋，因北橫公路拓寬，改建巴陵大橋而功成身退，巴陵一號隧道與二號隧道也跟著退休。後因常受颱風侵襲而沉寂多年，近幾年復興鄉公所投入鉅額的人力與物力重新整治後，注入新意象，現已成為復興鄉文化巡禮的隧道而煥然一新。

◗巴陵二號隧道出口設有許多攤
位，成為假日時的一個小小市集，
專門販售復興鄉的農特產品。

◗巴陵一號隧道目前已開闢為
陳列原住民的文化走廊，做為觀
光用途。

4.橋梁建設：

　　北橫公路沿線的主要橋梁，計有：澤仁橋、霞雲橋、羅浮橋、復
興橋、蘇樂橋、巴陵橋、大漢橋、百韜橋、英士橋、赤水橋、執信僑，
以及壯圍橋等橋梁。其中最值得說明者則是大曼橋(後改名大漢橋)、
復興吊橋與巴陵吊橋。因它們都橫跨大漢溪上游的溪谷，地形險峻人
煙罕至，人員與器材進出極為不便，足以影響工程成敗的關鍵。故將
以這三座大橋來分別說明：

北橫公路大曼橋於民國 54 年 7 月 31
日完工，後改名為「大漢橋」。

北橫公路復興吊橋

北橫公路巴陵橋於民國 55 年完工

嚴啟昌局長與張振英處長在北橫
公路巴陵橋留影

　　臺灣當時並沒有建鋼拱橋這方面的技術和經驗，對負責施工的「臺灣省公路局」來說，確實是一項嚴酷的挑戰和考驗。當時擔任大曼、巴陵二座大橋施工所主任的嚴啟昌說：

> 大曼橋為一跨長 71.5 公尺的鋼拱橋，也是當時臺灣跨徑最大的鋼拱橋。二岸懸崖峭壁，溪谷深達八十多公尺，剛開始我們都不知道怎麼辦。只好先參考國外的專業書籍，大膽地採用索道架設法，在橋址二端分別架設了木構架，用來支持鋼索。另在木構架後方設置混凝土錨座，用來固定支撐拱橋用的鋼索；利用索道自二端同時向中央分節吊裝橋面與鋼索，最後在拱頂處接合。[7]

　　理論上容易，架設索道也不難，但如何精確地訂出鋼拱二端支撐點的橋座位置，使它的水平距離恰好與橋面同長，就困難重重了。嚴啟昌和施工所的同仁絞盡腦汁，先用三角測量法定出二岸橋座的位置，再用經緯儀做角度測量；基座測定後，他們仍不放心，一再互相核對，深怕有任何差錯，在架設鋼拱時就無法在中央拱頂處接合了。

　　有一天，嚴啟昌先生獲悉一種直接量度距離的「鋼琴線法」（Piano Wire

民國 55 年 5 月 31 日，蔣公巡視北部橫貫公路，嚴啟昌主任奉命合影於大漢橋（勵志社胡崇賢先生攝）

---

[7] 見嚴啟昌：《公路生涯四十年》，臺北：交通部公路總局，民國八十六年出版。

Method）·心中一陣狂喜·立刻驅車下山·到開封街的一家五金行買了一盒鋼琴線·回到山上後立刻用來度量二岸基座間的水平距離·證實了測量的結果無誤後·才真正放下心來·等鋼材運到工地·他們立刻架設鋼拱圈·不到一週即架設完成·拱頂接合時沒有任何誤差·高度與原設計圖相差不到二公分·歷盡千辛萬苦·大曼大橋總算如期完工·為我國的公路橋梁工程立下了一座新的里程碑。

有大曼大橋成功經驗·巴陵吊橋的施工便順利許多·但巴陵吊橋長達 160 公尺·施工時以固定主索二端的錨座工程最為重要·光是為安置縱橫交錯的鋼材·施工人員即需在岩壁上挖出一個十公尺立方的大岩洞·日以繼夜的灌注混凝土·錨座工程方告完成·整座吊橋共耗時一個月才告竣工。

民國 54 年 1 月 24 日·國防部副部長蔣經國先生視察北部橫貫公路工程·行經巴陵人行吊橋。

嚴啟昌先生在回憶建橋過程的艱辛時·他特別推崇當時工務所的工務員巫嶙·巴陵吊橋最複雜的變更設計工作·是由他一手完成的。巫嶙的學歷只有高工畢業·但他認為巫員對土木技術的精湛程度·遠超過高級工程師。而巴陵吊橋的承包商林枝木·更是橋梁界的奇人·雖只初中畢業·後來他在臺灣所承建的吊橋總長度·據說有中山高速公路的一半長。

在歷經千辛萬苦的過程後·北部橫貫公路終於在民國五十五年五月完工通車·貫通了臺灣西部平原與東部地區的交通。真如：

鄭燮《題畫·竹石》

咬定青山不放鬆，立根原在破巖中。

千磨萬擊還堅勁，任爾東南西北風。

北部橫貫公路施工期中，蔣公及蔣經國先生都曾多次巡視工地。不過北部橫貫公路未全線通車前，蔣公巡視之終點只是復興吊橋附近，因為復興吊橋與蔣公常駐之復興行館相距甚近。至於蔣經國先生之多次巡視，比較屬於慰勞榮民官兵，與激勵工程人員士氣。嚴啟昌先生憶起當年在北

民國 54 年 11 月 7 日，國防部部長蔣經國先生視察北部橫貫公路工程，親自以拍立得相機為臺灣省主席黃杰先生、林則彬局長及嚴啟昌主任拍攝之照片。

部橫貫公路工作約二年半期中，就記憶所及蔣經國先生曾經三度巡視北部橫貫公路工程。第一次係在退輔會主任委員任內，第二次係在國防部副部長任內，第三次係在國防部部長任內。蔣先生來時同行的有許多高級將領，有劉安祺將軍，羅友倫將軍，劉玉章將軍等。他記述蔣部長經國先生與臺灣省主席黃杰先生巡視北部橫貫公路途經大曼橋的一段經過於下：

> 民國五十四年十一月七日，經國先生與臺灣省主席黃杰先生一同巡視北部橫貫公路，預定在大曼橋聽取簡報。那一天風和日麗，大曼橋已經竣工數月，我們就在橋頭的空地上排了十幾張

藤椅，他們到時，我就用大字報為他們兩位長官作了簡報。

經國先生聽完簡報後，問我住在什地方，我遙指山坡上的茅屋，他要上去看看。我們辦公及住宿連在一起，用竹木茅草搭成甚為簡陋，他看後沉默不語。事實上那時我們大部分工程人員已遷到巴陵另一茅舍中，此處僅留數人看守。

民國 54 年 11 月 7 日，國防部部長蔣經國先生與臺灣省主席黃杰先生視察北部橫貫公路工程在大漢橋留影。

經國先生走下山坡，從鍾湖濱先生手裡取得一部「拍立得」照相機，為黃杰主席、林則彬局長及我在大漢橋橋頭拍下一張彩色照片。

時任退輔會主任委員蔣經國先生於民國四十九年五月九日東西橫貫公路完工通車後，即積極策畫運用退除役官兵興建北部橫貫公路。曾兩度親自陪同臺灣省政府主席周至柔將軍勘察工地，周氏均以國家財政困難而婉拒。黃達雲將軍繼任省主席時，北部橫貫公路之興建方告定案。該道路於民國五十二年三月開工，民國五十五年五月完工通車，歷時 3 年又 2 個月總工程費一億零五百萬元。[8]

---

8 見嚴啟昌：《公路生涯四十年》，臺北：交通部公路總局，民國八十六年出版。

　　北部橫貫公路路線行經之處地形險峻，與東西橫貫公路相若，惟負責施工之退除役官兵因有東西橫貫公路之經驗，駕輕就熟，故該道路之施工皆見順利。

　　該道路較艱難之工程乃為以下三座橋梁工程：

復興吊橋，長 152.4 公尺。

巴陵吊橋，長 80 公尺。

大曼鋼拱橋，長 71.5 公尺。

民國 54 年兩蔣在棲蘭與森保處員工合照

民國 67 年經國先生在明池國父紀念林親植檜木

「工作要小心，妻兒倚門歸」的告示牌，以提醒公路弟兄。

以上是為拓展期在國民政府時代闢建北橫公路的情形。圖資來源：行政院退輔會榮民森林保育事業管理處。

三、延伸期：合內外通物我

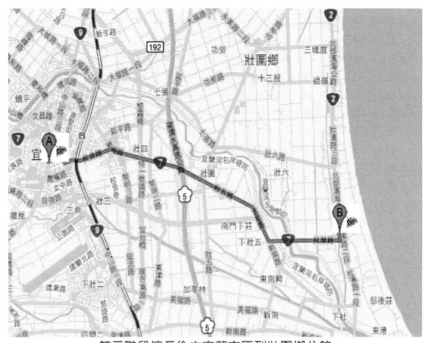

第二階段擴長係由宜蘭市區到壯圍鄉公館
資料取自 GOOGLE 衛星地圖

北橫公路是將臺灣北部的東岸與西岸連接的橫貫公路，全名是北部東西橫貫公路，簡稱北橫公路。與中橫、南橫並列為「臺灣三大橫貫公路」。

如前所述，北橫公路在區域規劃上，跨越桃園和宜蘭二縣，工程分二階段進行擴展：

第一階段：西起桃園縣大溪鎮，東迄宜蘭縣宜蘭市。

第二階段：由宜蘭市區延伸至壯圍鄉公館。

本單元係針對第二階段來做說明。

1.宜蘭縣宜蘭市：由外員山經金六結、宜蘭市區、舊城南路、舊城東路、東港路，以及壯圍。

2.宜蘭縣壯圍鄉：由壯圍市區經壯圍大橋，以及公館。該地為北橫公路之終點，可銜接台 2 線，以及國道 5 號高速公路。

北橫公路之終點

其中之宜蘭市區到壯圍鄉公館，係延伸期的第二階段擴長，這一路段原為宜蘭縣道194 路線，民國八十五年調整為台 7 線，從臺灣銀行宜蘭分行為起點，經舊城東路、東港路橋、東港路、壯五路、古結路、紅葉路、壯圍大橋，以及由紅葉路銜接台 2 線省道（或稱北部濱海公路）為終點。

在早期臺灣銀行宜蘭分行這地帶，是宜蘭市的護城河，後因都市發展的需要而廢除，現宜蘭縣政府有意恢復護城河當年的風華，以發展觀光事業。

壯圍大橋

宜蘭，古稱「噶瑪蘭」，又稱「蘭陽」。清領時期宜蘭城的修建，是嘉慶18 年（1813 年）開始，清朝通判翟淦興築土堤，引泰山口圳（又名太山口圳）水流，環繞城的東、南側流通，形成護城河，圍城而繞。清朝柯培元有〈噶瑪蘭城〉詩一首加以詠贊：「繞城修竹筍新抽，竹外彎環入海流。清

濁分溪芳草界，東西對勢白雲浮。春晴麗日烘金面，雨過濃煙隱鳳頭。遙指玉山籠瑞靄，居人盡道是瀛洲。」[9]

　　日據時期實施「市區改正」，拆除舊城牆，護城河不再具備防禦功能，成為僅具灌溉排水功能的溝渠。到民國五十九年，河面又陸續加蓋成道路，護城河從此失去蹤影，然今日之宜蘭市區舊城南路、舊城東路、舊城北路、舊城西路、中山路三段、新民路、文昌路交叉處路段，依然具舊城形貌。[10]以下是宜蘭舊城[11]發展過程簡圖：

9　《臺灣文獻叢刊第 92 種‧噶瑪蘭志略》(清) 柯培元撰。
10　參考許美智《影像宜蘭→凝視歲月的印記》(宜蘭縣史館‧2007 年) 頁 106。
11　宜蘭城清代稱噶瑪蘭城。

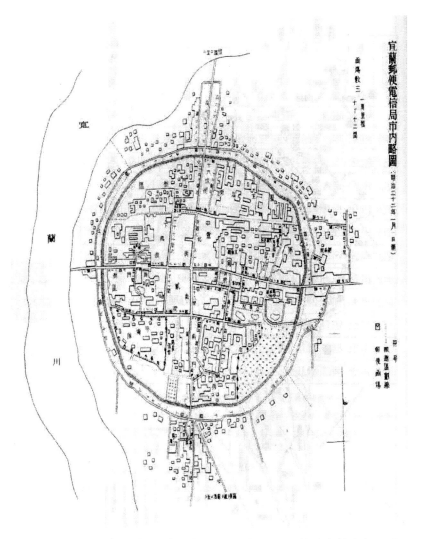

宜蘭廳城廓圖，刊於明治三十二年（1899年）一月的〈宜蘭郵便電信局市內略圖〉。圖例的「郵便函場」就是郵筒。當時日本治臺才4年，尚可見宜蘭城城牆，提供了清末宜蘭城的規模、街道分布與空間型態等資訊（高傳棋提供）引自石計生《宜蘭縣社會經濟發展史》（宜蘭：宜蘭縣政府，2000年12月）頁77。

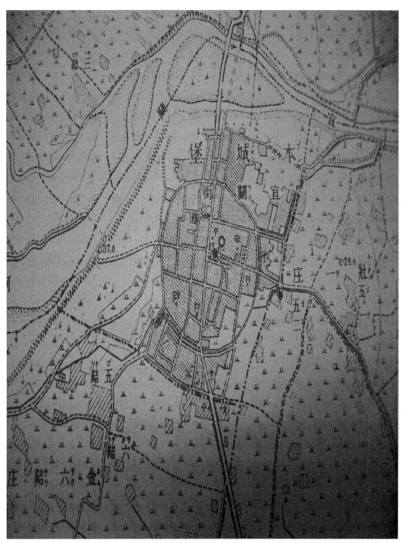

明治三十七年（1904 年）〈宜蘭街‧本城堡〉尚可見宜蘭城的規模與當時街道分布，周圍有宜蘭河流過，翻拍自《臺灣堡圖》（臺灣總督府臨時臺灣土地調查局，1904 年臺灣日日新報社出版）第 42 圖，1996 年由遠流出版社重印。

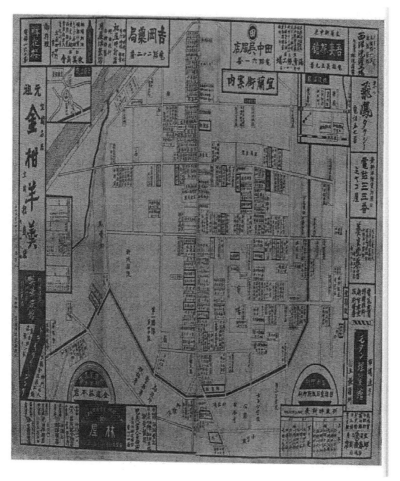

昭和九年（1934年）〈宜蘭街案內圖〉。宜蘭街隸屬於台北州宜蘭郡。
由街道分布可見仍以舊城輪廓為基礎而發展。當時舊城內的十字大街
最為繁榮，商家招牌日、漢文並行。後來，為配合宜蘭街於昭和十五年
（1940年）改制為宜蘭市，因此於昭和十四年（1939年）拓寬今日的
中山路及光復路段，並打通公有市場為南北兩館。（吳林美雲提供）引
自林美容, 鄧淑慧, 江寶月《宜蘭縣民眾生活史》（宜蘭縣政府，1998
年）頁57。

大正四年（1915 年）的宜蘭城護城河，河右側是宜蘭水利組合建築體，也是後來的宜蘭街役場。（1915 年 4 月，臺灣風景圖片，陳榮生提供）。參考許美智《影像宜蘭→凝視歲月的印記》(宜蘭縣史館，2007年) 頁 105。

民國六十九宜蘭市舊城東路兩岸垂柳的的圳溝，以舊宜蘭城護城河為基礎原地施作。宜蘭縣政府史蹟文物工作小組 1980 年攝。參考許美智《影像宜蘭→凝視歲月的印記》(宜蘭縣史館，2007 年) 頁 105。

宜蘭市舊城南路段。護城河圳溝加蓋後的路面，路頂端是宜蘭公園。自友愛百貨及小東門橋下夜市，都以前的護城河圳溝。(1996 年攝)參考許美智《影像宜蘭→凝視歲月的印記》(宜蘭縣史館，2007 年) 頁 106。

台 7 甲線→往棲蘭到梨山

除台 7 線主線之外，尚有台 7 甲、台 7 乙、台 7 丙三條支線，分別連接棲蘭到梨山、三民到大埔、牛鬥到利澤簡三條支線，含蓋桃園及宜蘭二縣重要的鄉鎮。支線由棲蘭到梨山段 75 公里，梨山到宜蘭段 114 公里。全程自新北市大埔連接桃園縣三民、復興、榮華，以及巴陵，跨雪山山脈過池端至宜蘭縣大同鄉，與中部橫貫公路宜蘭支線相接壤。

以上便是北橫公路從日據時期以至今日的開發史。

台 7 乙線→往三民到大埔

台 7 丙線→牛鬥到利澤簡

貳、養護篇

　　公路養護之目的，在使公路、橋梁、隧道及其附屬設施等，能經常維持其原有良好行車及安全狀態；必要時，可依據各級公路之需求分別予以改善。養護人員，應經常或定期巡查轄區內公路，並依據公路現況及實際需要訂定養護計畫，利用機具及人力，針對不同設施之養護基本原則與維護方法，辦理各項養護工作。復因公路極易遭受颱風、地震、豪雨及冰雪之侵襲，以及人為之破壞，致使公路阻斷或危及行旅安全，養護單位應立即通報並予以搶修或修復，使公路隨時提供良好之服務水準。公路養護工作，並應注意環境維護，儘量避免污染空氣、水源及製造噪音等公害，並力求公路美化與周圍環境之調和，使行旅能在安全、舒適及便利之原則下使用公路。[12]

　　民國三十八年臺灣省公共工程局接管公路業務以後，將全省公路養護分區處管理，各區處下設段分散遍及各地，各段招雇數十位道工，由工務段各站長分派工作交班長負責帶領道工進行各項公路養護工作，至今公路總局設立了 5 個區養護工程處，32 個工務段，每處每段各有所司，秉持公僕之心，效力於民。其中，北橫公路的大溪沿公館至桃宜縣界西村路段，由「第一區養護工程處復興工務段」負責。

---

[12] 《公路養護手冊》，公路工程部頒布，頒布字號：交技(92)字第 0920010402
號；本單元之圖資來源取自該手冊，或由委託者提供。

交通部公路總局第一區養護工程處轄區路線圖

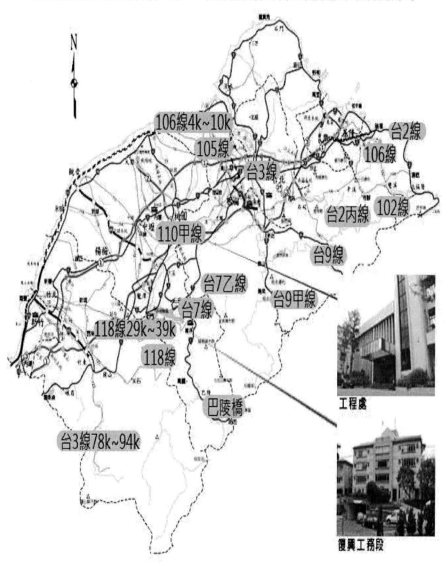

106線4k~10k

105線

台3線

台2線

106線

110甲線

台2丙線

102線

台9線

台7乙線

台9甲線

台7線

118線29k~39k

118線

巴陵橋

工程處

台3線78k~94k

復興工務段

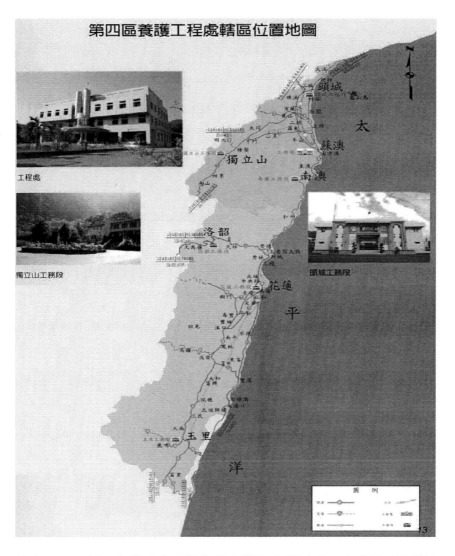

第四區養護工程處轄區位置地圖

工程處

獨立山工務段

頭城工務段

桃宜縣界西村至宜蘭縣大同鄉與員山鄉界山區路段，由「第四區養護工程處獨立山工務段」負責養護；大同鄉與員山鄉界至終點壯圍鄉平地路段，則由「頭城工務段」負責。

以下將分為：道路養護、隧道養護、橋梁養護、救災英雄榜，以及英雄訪談錄等五個單元來說明：

一、道路養護：

北橫公路之道路養護，起始於民國三十四年至民國三十八年這段公共工程局管理公路時期，該時期尚未架構出一完善之養路制度，全採是否有道路達到養路需要，才逐項發包辦理或招工。然而，公路是國家經濟、人民生計、生態橋梁的重要角色，除了興建外，往後的養護作業更是維持公路品質的主要推手，因此日據時代便有此養護觀念之雛型概念，始至光復為了長期經濟考量，逐漸努力公路品質的提升，養路組織與方法也與時俱進。而後當公路局接管公路，開始分處設段養護全省公路，當時不僅是省道部分，還包括縣道、鄉道，並招聘道工來負責各路段養護工作，各監工站長通常依據巡查道路狀況指派工作地點與項目，由班長帶領道工準備明天工作機具，而班長、道工均住在工務段宿舍或偏遠山路監工站、道班房，工務段、監工站、道班房設有伙食團，監工站、道班房伙食團由道工自行輪流當廚，所以大夥用過早點備妥中午便當，在工段搭乘工務車前往工地作業，大都早出晚歸，其養護砂石料均由溪河畔自行取得，或至工程處自設有砂石場取料。由此可知，早期的養護工作全由人力來完成；後隨著時代的演變，逐漸引進機械車輛，頂替部分人力從事石料運輸、路面整修等工作；一直到民國六十三年，公路局開始推行養護機械化三年計畫，全面替代人力養護工程的耗時不便，以至今日道路養護的成果。

北橫公路之道路養護，主要有：路基、路面、橋梁、隧道、排水

大漢溪

設施、交通安全設施，以及景觀設施等養護。並大致分為：日常養護、定期養護、特別養護，以及改善工程等四類。有關日常養護的部分，係對公路各組成部分，包含附屬等設施皆須進行頻繁的日常作業，其目的是要保持公路原有良好狀態和服務水準。日常養護項目主要有：路面、水溝、隧道的清理，割草、樹枝的修剪，設施損壞的修補或更換，冬季除雪除冰，以及偶而中斷交通的緊急處理。而定期養護係屬較大的養護作業，主要項目有：路面磨耗層的更新或修復，路面標線，輔助設施的改進，隧道與附屬設施的修復，以及金屬橋梁的油漆等工作。特別養護是把嚴重惡化的路況改善到原有狀態的作業，主要項目有：破損路面結構的改善，已破壞路基與隧道的修復，防治外部因素對公路的損害，諸如穩定邊坡、添建擋土牆、防治坍方、改善排水設施等工作。而改善工程則對公路在新建或改建時遺留的缺陷，所進行的改善作業，主要項目有：提高通行能力，改善狹窄路段，校正路拱與超高，改善行車視距，調整交叉道與進入口，消除事故多發點以策安全，以及添建路旁休息區，以提高公路服務水準等工作。

北橫公路始於桃園縣大溪鎮，終於宜蘭縣壯圍鄉，全長129.7公里，沿線經過桃園縣之復興、羅浮、巴陵，在明池跨越中央山脈，迄宜蘭縣之棲蘭、大同、員山、宜蘭市、壯圍，其中 0k+000 ～ 86k+868

奇偉壯闊的高山地勢

（大溪→棲蘭），俗稱北部橫貫公路。86K+868～129K+700（棲蘭→公館）屬丘陵平原路段，沿線多奇偉壯闊的高山地勢，大漢溪與蘭陽溪曲折彎延的溪水，及錯落有緻的梯田景觀，雖然山脈綿延景緻秀麗，一遇到豪雨風災或旅遊旺季，北橫公路數次面臨交通阻塞或中斷、土石崩塌和橋墩沖毀等問題，基於該公路是聯繫桃園、宜蘭觀光旅遊、水蜜桃特產等重要聯外省道，亦是北部物種繁衍與遷徙的生態廊道，「道路養護工程」就顯得極為重要、不能有絲毫差錯。以下將分成：景觀綠化與養護，以及災後修復與養護來分別介紹：

1.景觀綠化與養護：

北橫公路位於中低海拔，包括加裡山脈及雪山山脈，經大漢橋垂直地形、巴陵橋斜坡摺皺地形、霞雲波痕地層等惡劣地形環境，每當豪雨風災侵襲，容易發生土石坍塌和嚴重的道路毀壞，為了用路人安全，以及石門水庫集水區的環境，事先評估調查潛在性災害，配

北橫公路 31k+850 處型框植生

合歷次災害搶修復建後的原則，規劃了依當地地形和地質不同而施作各種生態工法。

北橫公路 31k+850 處型框植生

在高對流、陡峭、易滑動、災害風險較高的地方，上邊坡採用格框植生、打樁編柵、掛網植生、鋼索掛網；下邊坡採 RC 結構擋土設施、土石籠、石籠等自由格梁複合式工法，以期待減緩土石山崩的災害，並儘可能恢復原生態或景觀再生，在工法上種植原生樹種九芎、臺灣櫸木等深根性

北橫公路 43k+600 鋼索掛網

植物。景觀綠美化維護作業儘量採取自然法則，配合地方特色的原生樹種，種植山櫻花、楓樹等行道樹，杜鵑、七里香等灌木，隨著自然氣候變化不同風貌來點綴道路景觀，並與當地居民和單位，共同開闢景觀休閒空間、推動植栽認養、維護道路沿線綠地之規劃使用，以達到永續經營的目的。

北橫公路 43k+600 鋼索掛網

36k+400 處複合式工法有成

北橫公路 36k+400 處複合式工法，由菱形鐵絲網、PVC 網、植生材為底層，
每隔 4 公尺設置打樁編柵一排及植生包，再於編柵區間格內種植樹種。

25K+500 柯羅莎颱風災害造成上邊坡崩塌

25K+500 上邊坡崩塌，經以錨錠混凝土框植生護坡方式修復，邊坡穩定且植生情況良好。

以下將依北橫公路所橫跨之六鄉鎮，分別說明其景觀綠化與養護的情況：

●大溪鎮：人文薈萃水故鄉

大溪昔稱「大姑陷」，地名源自於凱達格蘭族霄裡社人，以其稱大漢溪為「TAKOHAM」之音譯而來，也就是泰雅族語的「大水」。據淡水廳志記載：乾隆年間漳州漢人移民大溪開墾，居住於月眉一帶，因嫌大姑「陷」字不吉祥，遂依月眉位於「河崁」之地的天然地勢，將「大姑陷」改稱「大姑崁」。同治五年（1866年），由於月眉地方李金興出仕、李騰芳獲中科舉，庄民為彰顯地方之「科」舉功名，遂更

楓紅之一隅

易「姑」字，改名「大科崁」。光緒年間劉銘傳巡撫在此設立撫墾總局，策劃「山」地開發，並推廣樟腦產業，又將「大科崁」的「科」加上「山」字頭成為「大嵙崁」。甲午之戰後，臺灣割讓給日本，1920年日本又將「大嵙崁」改為「大

北橫公路大溪段的兩旁以「楓」來作為行道樹

溪」，沿用至今。[13]

---

[13] 參見大溪鎮公所：http://www.dashi.gov.tw/tw/about7_1.aspx。

大溪丘陵緊接中央山脈，峰巒疊翠，有大漢溪流經其側，山高水深，峽谷陡峭，溪流多曲折，河岸又有河階台地，形成特殊的景觀。尤其在石門水庫完成後，山環水曲，風光綺麗，加上民間休閒旅遊業的投資興建，使大溪鎮成為臺灣北部著名的旅遊勝地與觀光帶。

觀光的發展須靠交通的便利與舒適來推動，因此「大溪鎮」北橫公路的兩旁，以「楓」來作為行道樹，每當秋冬季節時楓紅滿天，別有一番景象。

大溪鎮上與兩蔣文化區之間的邊坡，以堅固的水泥牆來作為護坡，坡底設有人行步道，可供遊客來回散步，欣賞沿途風光，過著愜意的一日遊。

●復興鄉： 雲霧飄渺似仙境

復興鄉舊稱「角板山」，為泰雅族賽考列克系統，明末清初由今南投縣仁愛鄉遷移而來。民國三十四年光復時，隸屬新竹縣大西區角板鄉，民國三十九年改隸桃園縣，民國四十三年改名為復興鄉，為桃園縣唯一的山地鄉，位於桃園縣之東南方，東臨宜蘭縣的大同鄉，西與新竹縣關西鎮、尖石鄉接壤，東北與台北縣的烏來鄉、三峽鎮交界，佔全縣總面積約三分之一。

北橫公路最窄的路面僅容一部車通過而已

由大漢溪貫穿全境，地勢走向由東北往西南傾斜，境內高山峻嶺，海拔在 380 至 2,000 餘公尺之間，是石門水庫上游重要的集水區。

45K+500 處的護坡

由於受地球地殼的變動影響所及，形成許多梯田，尤其是河床硬岩處所形成的瀑布與急流，更讓河川顯得多彩多姿，增添豐富的地理景觀。得天獨厚天成美景的觀光資源，沿線風光盡是山巒翠綠環山抱水。復興鄉居民以泰雅原住民為主，其歌舞、民俗、生活典藏著濃厚的人文氣息，是桃園縣最富魅力的觀光聖地。

因此，為保有天然美景，顧及生態環境，北橫公路復興段的養護，係依地形樹木之成長面向而養護，護欄與樟樹相間成一線，以不傷害樹木為原則，故最窄的路面僅容一部車通過而已。

其護坡亦依當地地形和地質不同而施作各種生態工法。有些路段亦以楓樹來增添它的魅力。

北橫公路復興段沿路楓紅一片

為讓遊客與居民有一條舒適安全的公路，公路局特規劃羅浮到棲蘭段的路面拓寬計畫[14]，因該路段(23k+000～86K+840)邊坡陡峭、地質破碎、蜿蜒曲折，路寬僅 5～8 公尺，平日車流量雖少但也造成行車速度緩慢，假日和旅遊旺季時，道路往往不敷使用造成交通阻塞，尤其大型車會車時更是險象環生。另外，此區受地形、地勢影響，每遇颱風豪雨，常有落石、坍方阻斷交通，且當地居民多呈散村形態，不論就醫或生計都僅依賴唯一聯外道路「北橫公路」，一旦有緊急救災與救醫需求，車道寬度不足及彎道線形不佳，容易喪失搶救契機。因此公路局依據行政院環保署民國九十年三月十五日同意備查之「環境影響說明書」研擬改善計畫書陳報交通部，民國九十年六月十四日奉交通部核復略以：「本路段地形險峻，邊坡穩定不易，所

北橫公路復興段沿路種植楓樹

北橫公路 78k+000 綠蔭

---

14 參見交通部公路總局第四區養護工程處編著：《後山公路》，臺北：交通部公路總局第四區養護工程處出版，2009 年，頁 37～38。

需改善經費龐大，在兼顧環保、景觀及政府財政狀況，建議再妥以研議，採分年分期方式辦理改善。短期以改善易肇事路段為主，必要時協調當地警力加強管制與疏導，中期先行設置避車道或改善回頭彎，長期再進行由桃園往宜蘭方向路段之拓寬。」

在顧及環保、景觀、經費、施工難易度及工期多方考量下重新研擬短期、中期及長期改善方案如下：

★.全線道路以邊溝加蓋或增設 L 型溝，有效增加路幅寬度約 1 公尺為短期改善措施。

★.在坍方災害發生次數較多、車輛肇事頻率高，以及施工容易的路段，設置避車道或改善回頭彎，列為中期改善目標。

★.在坍方災害發生次數較少、車輛肇事頻率低，以及施工不易路段，列為長期改善目標。

★.路面高度以配合現有地形為主，避免開挖順向坡、地勢陡峭或地質不穩定等路段，若有開挖則以生態工法復舊。

★.急彎改善以單側拓寬為原則。

★.預計將路面拓寬 6.5～8 公尺；路面無法拓寬至 8 公尺之路段，則於附近地質及地形狀況許可處設置避車道、改善回頭彎或興建棧橋，以符合雙向雙車道安全錯車及安全視距需要。

★.經常發生落石、坍方之邊坡，進行刷坡處理改善或視需要設置護坡工程或防落石柵欄。

★.榮華路段因地質狀況不佳，以新闢長約 1.85 公里之隧道取代原線拓寬。

★.路側護坡擋土牆高度，原則不超過 3 公尺。

第四區養護工程處於民國九十一年開始辦理北橫公路 61K+000～86K+000（西村～棲蘭）短、中期改善計畫，辦理路邊溝加蓋、增設 L 型溝等相關交通安全措施，工程完工之後，並開發沿線自然資源與產業，確實提高了公路服務水準、增加交通容載量，維護行旅安全，同時於民國九十六年十月解除明池至宜蘭市路段禁行甲類大客車管制規定，北橫公路的拓寬計畫對此地帶來地方產業、觀光旅遊業等無窮效益。

宜蘭縣的景觀美化路段

另外，北橫公路在宜蘭縣的景觀美化，更是用心設計，沿途可見各鄉鎮不同的風貌和特色，原因在民國九十四年宜蘭縣政府與公路總局第四區養護工程處共同推動的「宜蘭縣綠色廊道整體建構規劃」，就是希望透過綠色廊道的基本理念，達到道路兼具「生態、人文、景觀」並重的永續經營目的，發展大致可分為「開發」與「保存」兩種原則，並訂定近、中、遠期的發展目標。在「開發」原則方面，首先依據道路等級，對於車流量大、使用率高、對宜蘭發展具有重要性、有利於觀光遊憩活動、可創造城鄉風貌者，具有優先的發展順位。在「保存」原則方面，主要依各鄉鎮的優勢樹種栽種行道樹，結合當地人文資源經營出各鄉鎮的特色，其中北橫公路就佔了宜蘭縣的大同鄉、員山鄉、宜蘭市、壯圍鄉，是此計畫中重要的道路景觀美化重點之一。以下就以這四個鄉市作說明：

●大同鄉：森林遊憩山地村

　　大同鄉原名太平，緣於太平山林場，然而因與臺中太平鄉之名相撞，故於民國四十七年二地進行抽籤決議誰該保留「太平」之名。最後，宜蘭縣之太平鄉更名為大同鄉，沿用至今。

北橫公路 88k+000 艷紫荊

　　此鄉均為山地，佔宜蘭縣山地面積百分之三十，地勢頗為險峻。山區原生植物和大樹居多，居民則以泰雅族人為主，故泰雅原生文化氣息濃郁，並且全鄉對外核心發展以崙埤為首要，一方面推廣泰雅文化，另一方面亦為對外貿易產品之行銷窗口。另外在建設上則多方面應用民族特色，結合了部落資源，推動鄉內系列旅遊，洋溢著泰雅族民的文化氣質。北橫公路大同鄉段兩旁行道樹以紫荊為主。

北橫公路 100k+000 艷紫荊

●員山鄉：山水間休閒農村

員山鄉的歷史發展一直到清朝乾隆年間才有文獻記載，乾隆五十八年（1793年）吳化率領中國泉州人和漳州人來圓山地區開墾，當時漳州人開墾的地區在地名上都冠上「結」字，泉州人則冠上「鬮」字，像今日的「結頭份」、「三鬮二」，

北橫公路員山鄉段兩旁行道樹以青剛櫟為主

以及「大三鬮」等地名都是先民開墾所留下的遺跡；嘉慶十七年（1812年）噶瑪蘭廳設治納入清朝版圖，員山鄉則設員山堡和溪州堡。光緒二十一年（1895年）甲午戰爭臺灣割讓給日本，員山改為員山庄並隸屬臺北州宜蘭郡管轄；民國三十四第二次世界大戰臺灣光復後，正式設籍定為員山鄉，隸屬台北縣宜蘭區，至民國三十九宜蘭正式設縣並將員山鄉劃入宜蘭縣。[15]

整個員山市街以北橫公路連接數條森林旅遊路線，形成全鄉之核心區，近年來更開放觀光果園，新興水生產業等來帶動地方發展，再加上此地為歌仔戲之原鄉，內部資源相當豐富，倘若能加強文化、資訊、交通轉運等功能來連結各發展地帶，特別是大湖風景區與枕頭山之休閒農業，定能形成更強大氣象。例如：員山燈節的活動便為當地之年度盛事，此活動始於民國八十八年在員山公園舉辦，主軸為傳統

---

15 參見宜蘭縣政府員山鄉簡介，網址：
   http://travel.network.com.tw/tourguide/twnmap/yilan/Yuanshan.asp。

手工花燈配以現代科技之造型，現場不僅有象徵中國傳統藝術的鑼鼓陣、歌仔戲、布馬陣，以及祥獅獻瑞等活動，更有多場民俗樂團與原住民等表演，場面十分熱鬧有趣，吸引大批觀光客前往參與盛會。北橫公路員山鄉段兩旁行道樹以青剛櫟為主。

●宜蘭市：蘭陽新都渡假村

九芎-Meblumian 攝影

宜蘭市為蘭陽平原精華中心，自然特色多為平原、河流，並擁有舊城歷史感的「九芎城」，為縣內文教行政中心。

宜蘭市位於臺灣省東北部宜蘭平原中央，東聯緊接太平洋的壯圍鄉，西臨員山鄉，南隔蘭陽溪（宜蘭濁水溪）與五結鄉、三星鄉毗鄰，北接礁溪鄉，是宜蘭縣 12 鄉鎮市之一。由於本市的位置在宜蘭平原的中部偏北，宜蘭河由西往東貫穿本市，經壯圍鄉流入太平洋，全境均為平原，無山岳、丘陵，地勢由西北向東南緩慢傾斜，平均海拔高度只有 7.38 公尺。[16]

宜蘭市擁有豐厚的歷史與文化背景、資源，為整個宜蘭地區之文教重心地帶。其引領之未來走向，一方面承襲前人文化淵源，另一方面更試圖打造新世紀之現代意象時空。積極建置具有人性與資訊化之設計，讓城市不再冷漠疏離，歷史古蹟也不僅僅是前人的殘影，更融

16　呂美玉著：《宜蘭市人口遷徙的地理研究》，文化大學地學研究所出版，1980年，頁 27。

入時下社會待強化宜蘭市與周邊鄉鎮的發展關係，利用道路、河流、水圳等連通性空間，帶動大宜蘭地區的產業、地景、與人文的整體發展，創造出一宜蘭都市新形貌，不負「蘭陽新都」之美名，代表樹種為九芎。

宜蘭縣以縣樹「臺灣欒樹」塑造宜蘭的地方特色

以景觀花木創造道路特色

●壯圍鄉：生態旅遊的鄉村

「壯圍」原為平埔，嘉慶七年（1802年），吳化（吳沙之姪）部屬九旗首之陳孟理（或說陳明燈）見此地土壤肥沃，率眾劃界管墾，因無天險可守，只有青壯年圍屯聚居，而稱為「民壯圍堡」（所屬民莊十七所），此即「壯圍」名稱由來，亦為壯圍鄉

細葉欖仁樹

自治之始。嘉慶十五年（1810年）收歸版圖，設置「噶瑪蘭廳」，光緒六年（1880年），改為「宜蘭縣」。甲午戰後，日人據台，改為「宜蘭支廳」，民國九年，日人施行街庄役場制度，改壯圍鄉為「壯圍庄役場」。臺灣省光復後，初隸台北縣，稱為「台北縣壯圍鄉」，民國三十九年宜蘭縣設立，改稱「宜蘭縣壯圍鄉」迄今。[17]

全區發展程度比例仍略為偏低，但在自然資源上卻是擁有極其肥沃的土地。不僅稻米產量豐厚，名列為臺灣三大米倉，其瓜果、青蔥亦為其重要特產。目前鄉內將有數個重大發展計畫，包括高速公路宜蘭交流道（交流道特區）、海洋大學設校計畫、蘭陽溪口自然保護區等。未來將規劃旅遊路線串連全鄉海岸、河流、及平原地區的各遊憩景點，並帶動休閒農漁業及蘭陽溪生態旅遊的發展。北橫公路壯圍鄉段兩旁行道樹以細葉欖仁樹為主，中間分隔島則以紅楠樹為主。

---

[17] 參見宜蘭縣 http://www2.e-land.gov.tw/ct.asp?xItem=2224&ct
Node=479&mp=4。

紅楠樹

北橫公路壯圍鄉段兩旁行道樹以細葉欖仁樹為主，中間分隔島則以紅楠樹為
主。

除此以外，其它北橫公路在各工務段努力植栽與照料之下，成功達到生態環保兼具旅遊新據點功效，例如獨立山工務段轄管北橫公路 61k+652～106k+564 之路段，種植八百多株山櫻花與近千株八重櫻，一到櫻花盛開期間，該路段成為宜蘭縣內知名的賞櫻路線。北橫公路沿線除天然美景外，道路兩旁亦是處處讓人流連忘返，可見養護弟兄的用心。

北橫公路 87k+500 處櫻花林道　　北橫公路 94k+000 櫻花林道

北橫公路 94K+000 附近櫻花

2.災後修復與養護：

　　北橫公路沿線雖奇偉壯闊，美景天成，然一遇豪雨風災則容易造成土石流，道路坍塌，柔腸寸斷，滿目瘡痍，尤其是遊客居民受困山中，更讓養護弟兄心急，只好冒著生命危險前往救災搶修，以下便是救災修復與養護之實例：

北橫公路 102k+000 坍方養護弟兄像蜘蛛人一樣搶修坍方

●歷年毫雨風災搶修工程：

北橫公路 102k+000 坍方

102k+000 坍方養護弟兄像蜘蛛人一樣搶修坍方

102k+000 坍方修護完成

艾利颱風重創北橫公路 37k+300 上邊坡

7k+300 上邊坡施工情形

37k+300 上邊坡修復完工道路終可通行

艾利颱風重創北橫公路 38k+500 處

38k+500 處災害修復工程完成

馬莎颱風造成北橫公路 42k+800 處災害

42k+800 處修復工程完成

瑪莎颱風造成北橫公路46K+000路基流失

46K+000 路基搶修

46K+000 路基搶修過程

46K+000 路基修復完工可通車

薔蜜颱風造成北橫公路 15k+050 災害

15k+050 災害修復完成

薔蜜颱風造成北橫公路 45k+200 災害

45k+200 災害修復工程完成

薔蜜颱風造成北橫公路 37k+280 下邊坡災害

37k+280 下邊坡災害修復完工情形

薔蜜颱風造成北橫公路 36k+400 災害

36k+400 災後道路修復過程　　　　36k+400 災後道路修復完成

薔蜜颱風造成北橫公路 36k+600 大溪端與巴陵端災後景況

36k+600 大溪端與巴陵端災後修復情形

●英士路段辛樂克，薔蜜風災搶修工程：

　　民國九十七年九月，強烈颱風新樂克直襲臺灣東北部，地形與外圍環流影響，太平山區累計雨量超過預警值兩倍以上，1000 毫米雨量傾盆而下，導致溪水暴漲，夾帶大量土石沖刷，北橫公路 89k+500～+900 的路基遭溪水沖毀，尚在進行搶修之際，強烈颱風薔蜜緊接來襲，宜蘭地區的累計雨量仍達 1000 毫米以上，導致該公路 89k+900～90k+740 之路基也遭溪水沖毀，多處道路坍方，交通柔腸寸斷，路基流失總長達 1,240 公尺，道路損失慘重。

北橫公路 89k+500～+900 的路基遭溪水沖毀

89k+500～90k+740 路基沖毀

89k+500～90k+740 路基沖毀

路基毀損路段是宜蘭縣大同鄉南山、梨山等地區聯外維生道路，也是宜蘭縣重要觀光景點→明池、棲蘭、太平山、翠峰湖森林遊憩區之出入要道，更是宜蘭聯絡外縣市之觀光休閒遊憩地區（如巴陵、武陵農場、梨山等）唯一道路，交通部毛治國部長於災害發生後的第一

交通部毛部長蒞臨工地，公路總局林志明局長陪同，第四區養護工程處張運鴻處長報告搶修進度。

時間，即率林志明局長趕往現場瞭解並指示後續搶修事宜，因為毀損嚴重範圍廣，需由地方政府及中央政府跨部會研商聯合整治復建，才能達成治災之全程功效。

同年十月，地方與中央召開跨部會（包括交通部、經濟部、農委會等）研商整體整治復建協調會議，主要將道路復建工作分成溪底便道做為臨時性道路及路基流失之復建工作。會後第四區養護工程處即召開內部檢討會議，初步評估整個搶修復建工期至少需要1年，有很多之困難及技術需克服，在時間急迫與無退路情形下，決定先著手進行溪底便道的復建工作，並同時辦理路基修復之設計工作，經本段同仁督請承包商連日趕工下，蘭陽溪床上闢建之臨時便道，於民國九十七年十月二十日中午正式啟用。

當時新上任未滿一年的公路總局林志明局長，率副局長吳瑞龍，以及養路組長吳進興赴災區，以瞭解復建工程執行進度，並期勉工程

公路總局林志明局長，率副局長吳瑞龍，以及養路組長吳進興赴災區，以瞭解復建工程執行進度的情形。

團隊每位組員應本苦民所苦的服務精神，務必在最短期限完成復建，同年十一月二十六日路基復建工程開工後，在重品質趕進度的前題下，工程處與工務段每人各司其職，不分日夜，無假日之分的輪流守夜監督，以有效監督搶修工程的品質與管控進度，當時獨立山工務段僅有 7 名工程人員，還要兼負其他路段災害修復工作，常常一天當兩天用，徹夜燈火通明不斷趕工，工程處張處長對工務段全體同仁期勉：「身為公僕，又是基層搶（救）災的第一線人員，我們沒有悲觀的權利，只有全力以赴。」

施工期間多位同仁在連續無休息搶災中罹患大小病症時，仍戮力從公，堅守崗位，也有同仁家屬犧牲了正常家庭生活，終日留駐工地，導致手機電池耗盡，家屬擔憂地直接找上段長質問哭訴，其間另有同仁喜獲千金卻無暇享受這份喜悅，不僅個人生病無暇休養，連家人重病也無法在旁照顧，回想起這群救災修護的無名英雄，常感到相當不捨。趕工過程中機具也因日夜耗損，曾有一次 5 部鑽掘機故障，甚至有機具損壞嚴重到直接報廢的情形。

北橫公路 89k+500～90k+740 施工中

當發現因地質堅硬機具損壞狀況下，為求於期限內完成通車使命，要求廠商增加人員機具、延長工時配合趕工，工區最多有達 30 部基樁鑽掘機具同時趕工壯觀場面，夜間沿線燈火通明，機具操作巨聲作響此起彼落。

工務段以極有限的人力，及承包商全力配合，同心協力在「如期」、「如質」及「零工安事故」下，於民國九十八年三月三十日順利完成災害復建的艱鉅任務，民國九十八年的莫拉克與芭瑪風災，復建路段的路基及擋水設施，絲毫未受蘭陽溪溪水暴漲淘刷的影響！養護人員此次展現的凝聚力及向心力可謂前所未見，希望借此經驗，將公路人的傳統精神與辛苦能永遠傳承、廣為世人所知，北橫公路上的一草一木，一沙一石可是養護人員們無悔付出之血與淚，期許國人在行經任何一條道路時，都能回想開闢之艱難與養護作業之辛勞，並小心愛護我們共有的道路。

北橫公路 89k+500～90k+740 路段復建完成

二、隧道養護：

北橫公路隧道之養護，有以下幾個項目：

1.常見損害項目：

隧道之襯砌損壞、襯砌變形、開裂、隧道內滲漏水、襯砌表面腐蝕剝落、端牆、側牆、翼牆位移及開裂、結構底板拱起、沉陷，以及錯開與開裂等現象。

2.檢查項目與養護：

隧道之鋪面、側壁、拱圈、襯砌壁面等清洗及整理，排水設施之清理，照明及其他設備、標誌板等清洗養護。

3.防護項目：

隧道之邊坡滑動防護、風化破碎岩坡之防護、洞口陡坡之防護、洞口邊溝排水之防護、隧道頂邊坡排水之防護、電力設備之養護、通風設備之養護、照明設備之養護、照度的測定、燈泡換新作業、火警消防設備之養護、緊急設施之養護，以及監、視控制設備之養護等工作。

隧道側壁清洗

三、橋梁養護：

北橫公路橫跨、依循大漢溪與蘭陽溪，行駛公路上不時可看見數座橋梁，除了在交通與生態有連接作用，本身的建構形態亦是北橫公路上值得流連忘返的人文景觀。民國八十一年六月一日公路總局前許南雄段長（現任公路總局景觀科科長）奉派至復興工程段接管，當

復興橋

他佇立在合流端山丘上視查施工情形時，瞧見蓊鬱山林間朱紅色的復興橋，將被新建的羅浮橋取代而宣告功成身退，他突發奇想讓復興橋有了新的價值「觀光用途」，當時恰與鄰近的榮華橋、巴陵橋、大漢橋等鋼橋屆臨維修期，需進行除舊油漆工程，於是決定彩繪鋼橋創造帶狀風景線，不僅顏色容於山景，又具延續性和感官刺激，為台7省道增添了浪漫氣息。

「復興橋」是北橫路上顏色最變化多端的一座橋，這座吊橋剛完工時，橋身為較常見的深紅色，後來被漆成淡紫色，由於顏色特殊，讓復興橋因此聲名大噪，搶走其他大橋的風采，與一旁的羅浮橋相比，雖沒有羅浮橋壯觀雄偉，卻自有一份精巧雅致風格。復興橋以堅實的骨架搭配具有神秘、高貴氣質之紫羅蘭色調外衣，雄偉壯觀，別具匠心，與鄰近的朱紅色「羅浮橋」融合為上下一層形之視覺效果，產生「相異又相似，對比而一致」的趣味性。復興橋主索與焊接頭扣件髹漆上蔥綠色點綴，讓一座冰冷堅硬的鋼吊橋呈現柔性風貌，彷彿樹藤

般懸掛山林溪流間。許科長還善加利用當地泰雅族文化色彩，委邀雕塑家在該橋兩端左右側石雕了「射日英雄」、「神鳥西雷克」、「科隆的計謀」、「鹿手布里」等泰雅族傳說神話故事，促進族群和諧與文化宣揚，另外，為了讓遊客能靜靜漫步其中不受打擾，在橋兩端引道埋設據泰雅族圖案的「限寬」圓柱，阻絕大型車輛通行及減緩小客車車速。

「羅浮橋」身穿深紅的外衣，是東南亞跨徑最寬的鋼拱橋，採用螺栓式上承設計，橫跨寬廣的大漢溪。羅浮橋是北橫第一大橋，橋梁總長230公尺，最引人注目，也最為壯觀，與復興橋同時成為北橫最奇特的人工

羅浮橋

建築體。欣賞兩橋的最佳角度，可從小烏來風景區觀瀑台欣賞，如果從大溪往宜蘭方向，未到羅浮橋之前約200公尺的一彎道，則可明顯看見復興橋在前、羅浮橋在後，跨於溪谷之上形成美麗又壯觀的畫面。

左 - 復興橋；右 - 羅浮橋

「巴陵橋」跨徑 166 公尺，淨寬 4 公尺，橫跨石門水庫上游溪上，其特色在橋兩端相接巴稜一、二號隧道，無論從哪一端上橋都能頓時一覽青山碧水紅橋，感受柳暗花明又一村的驚喜感。

巴陵橋

榮華橋

「榮華橋」由於橋身僅 29.8 公尺，在四座鋼橋中屬最短，行車視覺感觸也是最短暫，為此，欲給旅人留下深刻印象，巧用「夕陽紅」的高彩度，來達到驚鴻一瞥的驚艷效果。

「大漢橋」通車於民國五十五年十一月，是國內第一座由國內設計師設計監造的鋼拱橋，無橋墩支撐，跨徑 71.5 公尺，橫跨深達80餘公尺的塔曼溪峽谷，兩岸懸崖峭壁，地勢險要。大漢橋施工時

大漢橋

先以鋼拱基座位置用三角測量測定後仍不能安心，後來利用鋼琴量度基底間的水平距離後，證實與當初三角測法數據相符，才欣慰地快速完工，結果之拱頂高度與設計僅差兩公分，可見當時工程艱辛與壯舉！該橋週遭檜木巨林環繞，鬱鬱蒼蒼，便以寶紅色的橋身點綴，成了萬綠叢中一點紅的山水畫面。顏色妝點橋身擄獲了大量遊客芳心，成功塑造以彩橋為主軸的帶狀風景線，往後興建的巴陵大橋、泰雅大橋等橋梁亦有異曲同工之妙，橋梁不再是冰冷的鋼鐵建築，而是連接兩岸血脈的重要功臣，與山林野間共存共榮，創造各鄉鎮新的地標與景點，為當地居民帶來無限效益。

後來由於政府發展觀光旅遊的需要，或因天災所造成的毀損，北橫公路上的一些橋梁便加以改建如下：

●「巴陵大橋」之興建：

「巴陵大橋」之興建，係由於北橫公路的拓寬，以及橋梁修建與美化，短時間內確實吸引了大批遊客湧入，原本漫遊計畫的一翻好意，也因為遊客量與交通量激增，僅 4 公尺寬的巴陵橋不敷使用，又前後銜接彎曲狹窄的隧道，讓巴陵橋成了此地交通的最大瓶頸，而且隨著蔬果產季來臨，北橫公路常有農用車與貨車往返穿梭，每每與遊客會車和車速緩慢的現象，造成當地居民生計的損失，大塞車也讓遠地而來的遊客們敗興而返，為此，當地居民及地方人士頻頻向中央單位訴求改善，終在民國九十年間人民的心聲傳遞到交通部公路總局，經過環境評估與實際狀況，擬出巴陵橋下游興建巴陵大橋，跨越大漢溪，避開原隧道易塞車路段，同時改善附近引道，藉以疏通交通壅塞問題。以下是巴陵大橋興建的過程圖示：

採國內最大型 300T 履帶式吊車，懸臂最高可達 120 公尺，以便於深谷狹彎路段施工。

這座粉紅討喜的大橋在興建過程其實相當艱辛，當時民國九十二年四月開始動工，原定民國九十三年底完工，期間遭受艾利颱風侵襲，施工機具遭沖毀延宕工程進度，且為了截彎取直而開鑿巴陵山，經公路總局復興工務段克服萬難，歷經了兩年多，終在民國九十四年七月完工，橋長 220 公尺，主徑 185 公尺，主建築離大漢溪河床還有一段距離，可避免溪水暴漲沖刷的威脅，橋面寬度比舊橋寬了 7 公尺之多，可雙向行車，兩旁還有人行道，提供遊客徒步賞景，大大紓解了巴陵橋路段的壅塞問題。造型上別於舊橋的吊橋形式，為了讓巴陵大橋融入鄰近景點又能克服地形之險，採用了中路式繫索鋼拱橋，造型流暢優美、宏偉壯觀，橋身彩繪成象徵「水蜜桃原鄉」的桃紅色，讓巴

巴陵舊吊橋

陵地區新增了一處鮮明地標，至於紅色的巴陵舊吊橋，復興工務段則移交給復興鄉公所管理，現已禁止車輛通行，實施綠色美化，加設夜間照明，作為觀景吊橋徒步區。

●高義橋與蘇樂橋之重建：

民國九十三年八月中度颱風艾利夾帶豐沛雨量重創北臺灣，蘇樂溪上游多處土石崩塌引發大規模土石流，將位於北橫公路上的蘇樂橋及引道沖刷流失，一夜之間交通中斷、山水變色，第一區養護工程處為了在第一時間搶通

民國九十三年八月艾利風災蘇樂溪上游崩塌情形

道路，日以繼夜連忙搭設便橋，災後廿天的九月十五日，中央與地方組成聯合小組，冒險進入山區會勘危險部落，經過北橫公路 10K+500 處的第一個坍塌點，只見黃濁濁的泥流順著近 90 度的山坡峭壁溢滿路面，儘管復興工務段不斷剷除淤泥，黃泥一遇雨水就往路面奔流，車輛難以通行，污濁泥流沖入水庫，讓水庫原水混濁，影響大桃園地區供水超過十多天！再往上勘察，北橫公路 37K+500 連接跨越高義溪的高義橋引道有五百公尺路段全被土石流沖毀，到北橫 41K+300 公里處時，竟然不見蘇樂橋蹤影，昔日大橋被土石流沖毀流失，連原本蘇樂溪 10 餘公尺的河道都被土石填滿，只剩下涓涓細流。蘇樂溪附近的崩塌處更是讓人怵目驚心，坍方從原本的 4 公頃突增到 13 公頃，山禿了，水道變了，橋沒了，只剩汩汩泥流和落石，昔日青山綠水、鳥語花香之景蕩然無存。

災後，復興工務段緊急搭設便橋，無奈十月納坦颱風緊接而至，山區土石流再次沖毀便橋。提早撤離下山的泰雅族人被記者問到房子去處，即使樂觀的本性，還是忍不住悲傷開玩笑說：「大概被沖到淡水河囉！」鄰人糾正他：「不會到淡水河啦！應該是沉到石門水庫的庫底

民國九十四年海棠風災蘇樂便橋遭土石流沖毀

才對。」一想到居民們想盡快重建家園的心情，養護人員各個苦民所苦、不畏艱辛地與時間賽跑，即便又歷經民國九十四年二月數日豪雨及七月海棠颱風、八月馬莎颱風等 7 個颱風來襲，蘇樂便橋屢次被沖毀，復興工務段仍然盡心盡責地堅守崗位。

　　當年重建這兩座橋梁的過程相當艱辛，工程人員從高義溪河床開始興建 250 公尺長的擋土牆，再以土石包鞏固、堆砌後，填土墊成 20 至 30 公尺高的道路路基，預定四個月時間可以完成，以方便所有大型工程車輛繼續朝後山推進、搶修。深山處的蘇樂橋後來移至別處新建，是因為蘇樂溪上游的土石流問題嚴重，原橋址的地貌和環境已有重大改變，且河床堆積大量土石，橋梁底部與河床淨高不足，無法提供土石流通過空間，所以不適合在原橋址處重建，為了另覓合適的地層結構，公路總局針對蘇樂溪與土石流泛濫區域展開評估，確認在舊橋下游的 150 公尺位置，兩側岩盤與地基最為穩固。

第一區養護工程處連忙於災後搶修蘇樂便橋

蘇樂便橋完工

　　在規劃興建蘇樂橋以前，除了環境評估，還得注重橋本身的實用性、設計性與價值性，會選擇使用 3 跨 π 型橋梁，乃是因為蘇樂溪屬於土石流高潛勢溪流，採河中不落墩之 π 型鋼橋，直接跨越山谷，就能避免受土石流的影響，而「珊瑚紅」彩繪橋身，是為了配合北橫公路彩橋設計與沿途景觀特色。直到民國九十九年七月通車，全長 175 公尺，寬 17 公尺，造型優美簡潔，除了保障用路人安全行駛、免去土石流沖毀之危險外，更是做為蘇樂地區景觀新地標，提升地區觀光發展。

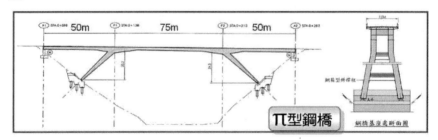

重建蘇樂橋工程透視圖

蘇樂橋興建過程

民國九十九年七月蘇樂橋竣工

四、救災英雄榜：

臺灣地區常有豪雨或霪雨、颱風以及地震發生，對公路而言，肇致路基、橋梁損毀等阻斷交通情事，常不可避免，也使公路養護作業危害最大，既然無法避免天然災害，只有嚴謹興建、勤奮養護及加強防護措施，方能使災害損失減至最低，然而再謹慎小心，總是無法避免困難重重、難以解決的問題，加上體力與精神壓力的耗損，使養護同仁們處於生病和死亡危險中。以下便是為北橫公路而犧牲的英魂，為守護北橫公路的救災英雄：

1.紀念碑聳立

悼念先賢開路養護之辛：

〈古詩〉

行行重行行，與君生別離。

相去萬餘里，各在天一涯。

不管是故工程師羅裕，還是為國家披荊斬棘的無名英雄們，為了同胞的福祉犧牲寶貴的生命，為國家的發展，奉獻出青春歲月！康莊大道的背後，那不朽的英魂，雖死猶生！

為造就無數個幸福，成了不得復返的遊子；荒山曠野，道路阻且長。會面安可知？天遙地遠，相去日已遠。在遙遠的家鄉，難以重逢的親人，還是永遠希望遠隔的遊子：努力加餐飯！

●故工程師羅裕同志紀念碑：

　　該碑成立於民國四十八年三月，址在大同鄉松羅村松羅東巷 1-2 號民宅前，大理石材質，三角錐狀，縱 223 公分，橫 33 公分，正面刻題「故工程師羅裕同志紀念碑　陳誠題」，另二面銘記，碑文如下：

故工程師羅裕同志紀念碑

　　碑文銘記一：故工程師羅裕，湖南長沙人，經濟學家羅敦偉氏之子，母何氏覺余畢業於北平師範大學。於民國十四年九月十一日生於北平，民國四十六年六月廿一日在臺灣橫貫公路崙碑仔工地因公殉職，得年三十三歲。

　　碑文銘記二：故工程師生而聰慧，幼嫻繪畫，小學及中學均名列前茅；初中時以某項發明獲經濟部專利證書，有「小發明家」之譽。民國三十七年畢業於上海交通大學土木工程系，入上海公用局服務；民國三十八年來臺，入臺灣鐵路局工程總隊工作，參加各種新興工程。公暇之餘，以雕刻、繪畫、音樂、照相自遣，譯作常刊各報章、雜誌、書本。於民國四十五年，臺灣開闢橫貫公路，工程艱鉅，調公路四季工程處參加此項工程；沐雨櫛風、披星戴月，常入萬丈深林、懸崖絕壁測量、絕口不言危險。其父嘗以詩勉之，蓋以其為國效力、履險如夷也。民國四十六年六月廿一日，因公渡羅東濁水溪，過臨時性吊橋；竹橋搖晃、夜黑風號，不幸下墜，觸石落水殞命。正值英年有為之時，竟爾因公殉職，實國家社會之損失。嗚呼！惜哉！特立碑永垂紀念。

　　　　　　　　　　中華民國四十八年三月，于右任書

故工程師羅裕同志紀念碑
陳誠題

故工程師羅裕同志紀念碑碣
圖資來源：《臺灣地區現存碑碣圖誌》

故工程師羅裕同志紀念碑
圖資來源：《臺灣地區現存碑碣圖誌》

臺灣省東西橫貫公路宜蘭工區刻石

圖資來源：何培夫主編：《臺灣地區現存碑碣圖誌》宜蘭縣、基隆市篇，國家圖書館。

●南山紀念碑：

中部橫貫公路宜蘭支線殉職榮民紀念碑，座落於宜蘭縣大同鄉南山村台 7 甲 30k+000 處，悼念民國四十七年間參與橫貫公路宜蘭支線建設，溫妮颱風侵臺，導致山洪暴發工人走避不及，因工殉職人員共計 30 人，其中具榮

南山紀念碑

民身分計有謝立生、周幹光、張顯傑及陳前候等 4 人，該紀念碑完成整修後，宜蘭縣榮民服務處即報請盧參事凱生於民國九十七年十月三十日，代表高主任委員前往宜蘭縣大同鄉第 14 公墓「橫貫公路宜蘭支線殉職榮民紀念碑」主祭，由宜蘭縣榮民服務處張處長明晏、總幹事周玉春、員山榮民醫院游院長漢卿、森林保育處蔡秘書茂長、榮工公司廖處長志銓等人陪同下，備鮮花、素果向殉職的公路弟兄致上崇高敬意。

而後，不管是清明時節，抑是中元普渡，公路弟兄皆會備鮮花、素果，向殉職的英魂致意，以慰其在天之靈。

2.心繫工程

無怨無悔之公路弟兄：

公路養護工程可謂全年無休，時時刻刻待命的苦差事。無論颱風、下雨，甚至土石坍方、斷垣殘壁之下，仍得冒著生命危險去完成修復的使命。在這個單位，沒有身分高低、沒有位階排場，每個人都是水裡來火裡去，同甘共苦的好兄弟。每當災害發生而需搶修公路時，不管是上邊坡進行刷坡或整坡，清除危險土石工程時，公路弟兄們總是迅速地整裝待命，為吾人修復一條完好的公路，讓人們行車平安順暢。

前公路局局長嚴啟昌先生即是一個典範。先生於民國三十八年畢業於國立廈門大學工學院土木系，從此承載公路工程之使命，踏上一條艱辛、偉大的路途。他不是雪泥鴻爪般的過客，而是真正以生命背負起臺灣公路歷史過程中的苦難。嚴啟昌先生曾說：「事在人為」，這不僅是他個人的堅定信仰，更是其思想之圭臬。

嚴先生接任公路局長之初，開始大力推行公路養護之績效改進措施，如同他在《公路生涯四十年》一書中所述：公路局現在負責養護之省、縣、鄉道總長約 8,033 公里，為臺灣地區總長約 19,000 公里公路網中之主要骨幹。如何維持 8,033 公里之骨幹公路暢通無阻、安全舒適、以及完整美觀之路容，其工作難度實不亞於公路之新工程。公路局對公路之養護有良好之組織與制度，期績效亦獲社會之肯定。惟我個人相信：凡屬人為之事物均可做得更好，故接任局長之初，對於公路局之公路養護業務即提出若干改進措施，其總目標為：精簡用人，提高績效。茲簡述於後：（一）道、技工

嚴啟昌局長

人數之精簡。(二)部分路段養護工作發包辦理。(三)推行一人二機運動。(四)加強養護機械化。(五)集中經費辦理瀝青路面加封或翻修。

在嚴先生的領導下，臺灣公路養護有著顯著的進步。諸如前述所說，透過精簡道、技工人數來達到人力資源有效利用。當人力資源分配得當時，便採行發包作業，提高績效也節省開支。並任何一項機械化主張，皆獲得養工處及各處處長之支持，讓公路養護政策趨於完美，也甚少有路面破洞、道路崎嶇等事發生。

即便嚴先生本身就是一位嚴謹認真負責的工作者，仍有人讓他感到衷心佩服，如張振英、張君山、林水木等人。張振英為第一區養護工程處的處長，對嚴先生任內之一切工程業務改進構想，多能率先實施，其勇於任事之精神令人至今懷念不已。張君山屆臨退休時，嚴先生曾破例兩度報請上級予以延退，均獲省府核准。後於民國八十三年十二月三日在洛杉磯睡眠中去世。

民國 39 年 6 月 7 日在蘇花公路清水斷崖殉職之吳錦文段長，時年 38 歲。

公路養護作業是需要強大的精神支撐力與耐力，雖說事在人為，然天尚有不測風雲，人亦有旦夕禍福，凡事須謹慎而行以防萬一。民國五十二年嚴先生任北部橫貫公路之北橫橋工所主任之時，負責巴陵吊橋、大曼鋼拱橋（今大漢橋）等興建工程。為避免因過失而發生無可挽回的憾事，他嚴謹的建議同仁先行開挖橋臺基礎，並於確定判斷出地質如有風化之險時，主動地向上級建議更改橋位。雖是如此，然也曾發生落盤現象，導致停工月餘，由此可

見養護工程絕非散漫之人可以擔綱的重任，凡事皆須再三思慮，謹慎行事。

　　然世人總是觀其成功，忘了在歡笑背後往往是血淚的交織。當年，嚴先生便曾親眼目睹養護人員因公殉職的慘狀。民國三十九年，吳錦文段長因搶修蘇花公路之坍方而不幸墜崖殉職，今之「吳故段長錦文殉職紀念碑」便是為其所建。這種憾事的發生並未讓嚴

吳故段長錦文殉職紀念碑

先生心生畏懼，反倒深刻的感佩著吳錦文先生為公共安全建設所投入的生命熱情。數十年後，他勇往直前的走往公路建設養護一途，其身分從實習生到交通處處長，甚至卸任後仍積極從教，無不以身為公路養護人員為榮，清楚地為臺灣公路局立下了公路人的無畏精神與勤奮形象。

3.養護有成
歸功無名英雄：

　　近年來各國天災不斷，每當颱風、地震過後，路面滿目瘡痍，倚靠的便是這群養護英雄的力量。他們挺進災區，在隨時會有危險的公路上佇足奮力；他們前進山林，在前刻才剛讓土石掩埋的公路上解決危難。然而，災後的重建固然重要，平時的養護作業才更是刻不容緩的因應之道。因此，平日默默為公眾行路安全付出的養護工們，可說是最偉大的英雄。

　　基本上，養護作業主要包括路基養護、路面養護、橋梁涵洞養護、

公路隧道養護、公路綠化及管理等，工作繁重也瑣雜，非一般人所想的那麼單純。公路總局對養護工作有其規定，工務段平常邊坡、路面、交通設施、橋梁安全、植栽每週至少 1 次，每 2～4 個月進行定期巡查，颱風地震後特別巡查，道路上邊坡邊腳、路肩雜草及花木，每年不定期辦理割草及行道樹修剪、施肥及病蟲害防治，對於花草枯萎部分則依季節補植。

臺灣已列開發國家之林，國人生活品質也提升，對道路環境景觀要求也相對提高，但國人任意丟棄垃圾習慣仍有待改善，為維護道路景觀，每年需花費近 3 百萬元進行沿線垃圾撿拾工作。如以護坡及擋土設施養護方法為例，公路養護手冊中便有完整詳細的規項。

護坡及擋土設施須隨時注意養護，護坡及擋土設施如有損壞或滲水、湧水現象時，應儘速採取填補整修或疏導逕流等適當方法處理，以免惡化。如護坡及擋土設施發現變形或有裂縫、鬆動、移動、傾倒或沉陷跡象，並應即詳細檢查及切實探討其發生原因，採取適當工法維護。其養護方法包括：A.更換老化、斷裂、腐蝕及損壞之材料。B.裂縫及剝落處填補修整，以防雨水入滲。C.移除護坡及擋土設施背面之堆積土及超載，以減少土壓力及可能下滑之坡體土石。D.改善或加設截、排水設施，必要時加強水位觀測改善表面排水及地下排水設施。E.填補回填材料，並覆以保護材料。F.加築各種擋土設施(包括擋土牆、地錨、以及打樁等)。G.坡趾加築擋土牆或加填土石臺，以增加其穩定性。H.加築護坡及保護坡趾等措施。I.調整地（岩）錨預力或增補地（岩）錨。J.採用保護蓋或混凝土以保護地（岩）錨之錨頭。K.鋪設臨時性覆蓋物，以防止沖刷。

由資料顯示可知，每一項細則的訂定都相當完整清晰，才能令養

護弟兄照手冊操練，事事謹慎方保萬年長平。

為讓國人能有一個平安順暢的旅遊，北橫公路不管道路發生任何狀況，養護弟兄總是一馬當先。

遊客車子被倒下之電線桿壓住，等待救援。

不管道路發生任何狀況，養護弟兄總是一馬當先。

北橫公路上，處處可見到養護弟兄的貼心，每一養護路段，都立有養護電話的告示牌，只要有狀況，打個電話馬上就有人來救援，非常方便。

五、英雄訪談錄：

　　為讓國人更深刻體悟北橫公路開闢與養護的艱辛，特訪談參與開闢與養護的弟兄，說一說當年的英勇，尤其是那些感人的小故事：

●開闢英雄楊義水技師：

　　許多民眾並不清楚北橫公路與森林保育處（以下稱森保處）之間的關係。其實森保處是行政院國軍退除役官兵輔導委員會（以下稱退輔會），榮民森林事業管理處下的一個附屬事業單位。當年蔣經國先生為安置榮民，讓榮民得以自食其力所成立的機構。民國四十八年北橫公路開挖工程，就是由森保處在主導進行。到民國五十年完成整個開發作業後，才移交給臺灣省公路局進行管理與養護。當時任職於森保處的楊義水技師（現已退休），參與

開闢英雄楊義水技師

了當時最為艱苦的開發史。據他表示說：北橫公路起自桃園縣復興鄉（現已延伸至大溪鎮為起點），經巴陵、四稜、明池至百韜橋共 88 公里，至宜蘭市全長共 123 公里（現已延伸至壯圍鄉為終點，全長 129.7 公里）。其中復興至四稜為既有公路，四稜至明池多為峭壁約 12 公里，是日據時代所開闢的走馬棧道（角板山三星警備道），對外交通極為不便，僅可供原住民補給及人力運輸之需。臺灣光復後，第一任的退輔會主委蔣經國先生，親自到目前的北橫公路進行現場勘查，發現這一路段森林資源相當豐富，國家也急需要有基金安置退休官兵，所以藉由開發森林資源籌措安置基金，更進一步可輔導訓練榮民從事林業工作，解決就業問題。於是在民國四十八年由森保處的榮民弟兄開發森

林資源，修築了 110 線林道，並將四稜至明池此 12 公里路段拓寬，始與桃園大溪至復興宜蘭段才得以全線貫通，許多原住民同胞在生活、運輸、補給等各方面，變得更加便利，大大的提升他們的生活品質。這條路段沿線地形奇特，風光綺麗，在 68K+000 處更設立了明池森林遊樂區，使遊客絡繹不絕，現已成為臺灣北部唯一的景觀道路，更是北臺灣的旅遊勝地。

四稜至明池此路段為荒山峻嶺，榮民弟兄徒步翻山涉水，歷盡艱辛，進行道路的測量、開築等作業。在當時並沒有推土機、挖土機等機具設備，必須以炸藥、引線機等人力爆破的方式施工，在爆破時有相當多的岩石、土塊齊飛，人都必須避開在 1.5 公里以外，更危險的是在爆破時隨時都有山壁崩塌或走山的可能，犧牲了許多老榮民的生命，僅台 7 甲梨山到宜蘭段的開挖過程，就犧牲 30 多條人命，在南山設有紀念碑供人留念（大同鄉南山村台 7 甲 30k+000 處）。完工後尚須配合水資源保育措施、路面維修、災害搶修等工作。森保處養路制度完善，約 6 公里設置一建制道班，而榮民弟兄們均以班為家，克盡職守。每月森保處皆進行養路競賽獎勵績優道班，至現場評定後發給優秀道班加菜金，榮民弟兄們將「養路競賽」視同「養路競菜」。

前人種樹、後人乘蔭。如今許多人在暢遊、享受北橫公路的繁華美景時，卻不曉得當時開路的艱辛，實令人感慨。楊技師將整個青春貢獻給危險的道路開闢，一路走來蓽路藍縷，如今最令楊技師感到欣慰而感動的，就是看到全國各地都有遊客不遠千里來到北橫公路遊玩。

過去，有一些人一直誤認為國家每年花費龐大的金錢，去養那些老榮民很不值得。訪談楊技師後，終於明白老榮民是自食其力，以開發森林資源自給自足，那些誤會的人真該感到慚愧。說起老榮民的一

生，實令人感慨，不甚唏噓！他們的青春貢獻給了國家，憑著滿腔的愛國情操，挺身捍衛日本人的侵略，犧牲無數，血流成河。老了以後，依舊要自食其力，與荒山叢林搏鬥，才能換得溫飽三餐，稍有不慎即要付出生命，還要讓人誤會白吃國家糧食，真是情何以堪。所以，當我們流連忘返於北橫公路時，千萬不要忘記這些開路英雄的辛勞與血汗。

●養護英雄張建益段長：

　　張建益段長（現已退休）於民國七十年公路特考及格，分發到公路總局以及第五工路段（現之第一區養護工程處復興工路段）服務，因緣際會的進駐北橫公路之養護工作。當時的養護路段是從大溪 0K+000 開始到縣界溪村，約 63.54 公里，

養護英雄張建益段長

他在這一區整整服務了 18 載，對於公路上的一草一木如數家珍。張段長甚至說：我就是閉著眼睛都能走過北橫公路，不管把我放到哪哩，我一睜眼就知道這是哪裡。

　　據他說：剛進入北橫公路進行養護工作時，並不是現在瀝青柏油路，而是土路面。後因發展的需要，省政府決定將北橫公路進行全面的柏油路面鋪設，以及護欄排水溝的興建，這些都是當時的養護重點，所以在養護北橫公路 18 年，主要便是將該公路規劃成一個比較完善、適合通車的現代化公路。在土路面的時期，巡路真的是很辛苦，臺灣有一句俗話說：「坐車坐到屁股都會裂成兩半！」因當時的路面顛簸，是佈滿石子的碎石路，巡路時帶著由榮民弟兄所組成的道班，坐著大卡車一路抖、抖、抖到巴陵，再抖出來。當時我們都要揹著儀器去測

量，去畫設計圖，編列預算書，全部要靠自己，到晚上時看看清風明月，過著開山闢路的生活，這 18 年是我一生當中最踏實，最快樂的時光。民國七十八年至八十年三年間柏油路面鋪設完成，今日暢遊北橫公路的舒適平順，都是當時的奠基，才有現在的繁華。

張段長 24 歲進入公路總局服務，對於外面世界的聲聲色色都吸引不了他，問及家人是否支持他的工作時，他說：我將 18 年的歲月都貢獻在山裡，當時還沒有週休二日，幾乎是星期一去，星期六下午才能回家陪妻子一天。年輕的時候就聚少離多，所以太太一開始是反對我過這樣的生活，還會調侃的說：「你就是賣給了公路局。」或是著說：「你這個丈夫，出去就像丟掉，回來就像撿到一樣。」雖是如此，但我做得卻是甘之如貽，因為我在山上過得很快樂！我太太見我對公路的熱情，從一開始的反對，漸漸轉向支持，而且把家照顧得讓我沒有後顧之憂，真的非常感恩她的付出！至於對小孩子總有一絲虧欠，在他們的成長過程，我總是缺席，還好小孩們都沒變壞，回憶起來真有一點辛酸。

當我們談到他認為最辛苦危險的部分時，張段長說：

在當時沒有爆破機或怪手的年代，只要北橫公路一坍方，皆要靠著養護弟兄拿著鑽孔機、炸藥，用引線引爆，把大石頭炸成中石頭，中石頭再炸成小石頭，而後用人力清除。以前年輕好勝覺得好玩，上山下海什麼都不怕，爆破時就像空中飛人一樣在半山腰跳來跳去躲落石，衣服濕了又乾，乾了又濕，為了搶通道路兩三天沒睡，沒洗澡也沒關係。現在回想起來當時真是帶著一股傻氣在拼命，還好現在都平安度過。

而最讓你感到欣慰的又有哪些呢？他說：最欣慰的部分是我記得有一年除夕的前一天，山裡部落的百姓很多都是出外工作，到除夕才回家，男男女女提著大包小包，穿得漂漂亮亮，卻在除夕前一天晚上七點發生大坍方，我們冒著生命的危險，夜黑風高進行搶通工作，我們感同身受的知道被困在山中的心情，尤其是黑夜的恐懼，過年家人的期盼，好不容易到凌晨才把所有的大石頭都炸開搶通，我們引導著驚恐的臉色，順利通過災區，還幫忙接送小孩離開危險地帶。全部搶通後卻發現沒有班車了，我去把顧工寮的包商從深夜吵醒，向他借調工程車來接送民眾，順利送到巴陵過年，自己則初一早上六點才回到家，雖錯過與家人吃年夜飯，但能幫助人的感覺真好。我當時甚至學了一些原住民話，可以做簡單的溝通。後來調離復興工務段去其他路段任主管職時，才發覺時間居然過的那麼快，我在北橫已渡過 18 年的青春歲月！這是我人生最精華，體力最巔峰的時期，我貢獻給了北橫公路。

　　看著張段長細說的表情，說到辛酸處，眼角閃出了淚光，我知道他對妻女有一份的愧疚。說到救災時，嘴角泛起了笑容，我知道這是他最得意的英勇事跡。人生到底所為何事？有的人想追求安逸的生活，有的人卻執著於生命的意義。最後，我們問了張段長最想對社會大眾說什麼？

　　他說：我離開北橫公路也有 14 年左右，這些時日的養護弟兄，以及工程師們都接續地將一些不合理的彎道改正，不理想的狹橋也改建，例如：羅浮橋、巴陵橋、榮華橋，以及蘇樂橋等都一一的興建，整個北橫公路的路況又推進現代化的一大步，成為一個適合遊玩的山區公路，使遊客們都可以很放心、很從容、很舒適地來遊覽風景。北橫的

一些支線風景區如：小烏來、新光、蘇樂、上巴陵等都可透過北橫公路，由線到面，觸及整個完整的旅遊網絡，讓遊客們都能盡興遊玩，是所有公路局弟兄最引以為傲的一件事。

●養護英雄盧溢鋒副處長：

盧溢鋒副處長(第四區養護工程處副處長現已退休)，投入公路總局服務的因緣，起於他的外祖父、叔公、舅公，以及父親均為營造商，大曼橋就是他父親所做。以前多有子隨父業的觀念，而且造橋鋪路本身就是一種公德的事業，所以高中畢業後就選土木科就讀。惟民國六十一年退役後，考上南亞塑膠林口廠擔任助理員，民國六十二年父親要求他回公路局之

養護英雄盧溢鋒副處長

築路機械隊，學習最新瀝青混凝土(AC)的技術，希望將來可自營 AC 營造廠。當時在南亞的月薪及年終獎金為公路局的兩倍，但考慮到雙親年邁、就近照顧等因素才辭職返鄉。父親過世後，曾考慮辭去公路局繼承衣缽接管營造廠，但母親反對，認為營造業應酬多，利潤也不高，希望繼續在公路局服務，一轉眼 36 個年頭就過去了。

盧副座在公路局主要的工作內容，隨著職務的不同而有所調整。民國六十三年擔任助理工務員，主要負責 AC 路面的鋪設工作。民國六十五年在養護科擔任考工。民國六十八年在南澳工務段擔任監工及設計工作，負責蘇花公路等的拓寬改善工程。民國八十二年赴洛韶工務段擔任段長，職司台 8 線省道公路的養護，舉凡道路拓寬改善、坑洞修補、橋梁改建、綠色美化等皆屬業務範圍，惟最主要的工作仍在於災害的搶修。民國八十三年接花蓮工務段段長，民國八十四年接獨

立山工務段段長，主要負責的範圍就是現在的台7線、台7甲，以及台7丙等範圍。民國九十年接養護課課長，督導工程處轄區的養護工作。民國九十二年接副處長，襄助處長，策劃處務，督導養護課、政風室、人事室、秘書室、機料課、保養廠，以及上級交辦事項、人民陳情案件、處理國賠等工作。民國九十年時，宜蘭縣政府提報盧副座與另一名弟兄為災害搶修有功，在當年國慶時接受表揚。盧副座36年來的經歷，幾近就是整個公路局弟兄們所有公務範圍的寫照。

問及家人是否支持他的工作時，他說：周邊親人、朋友對於我的工作皆採正面支持的態度，回到家鄉才能就近照顧，沒回來也就娶不到這麼好的老婆。但自覺對不起家人，民國八十三年接花蓮工務段段長期間，小孩剛好鼻竇炎開刀，開刀後不能曬太陽，上下學、補習班都要開車接送，太太雖考上駕照，但不敢自行開車，我遠在花蓮，只能鼓勵她慢慢學習，如遇到不會閃車的時候就停下來讓對方先過。沒想到遇了一件趣事，她說：「有一次她停下來要禮讓對方先過，對方也停下來要讓她過。」原來對方駕駛也是一位女性駕駛。

當我們問他認為最辛苦危險的部分時，盧副座說：感到最辛苦的應該就是逢年過節都要在工務段留守待命，派駐哪裡就要遷移到哪裡，無法常與家人團圓，尤其是颱風來襲時，鄰居屋頂整個都被吹翻，家中的窗戶玻璃也被吹破，而我卻遠在天邊進行災害搶修，救援受困的民眾。颱風來時別人都往屋內躲、我們卻是往門外衝，留下家人獨自面對天災，太太和兒子們得合力用木板去釘窗戶防颱，現在想起都覺得愧疚。另有一次，在民國六十九年十二月二十四日，道路的邊坡整個坍方下來，當時我人在現場，趕緊叫包商的工人去開裝載機來清除落石，工人回應說：「太危險了，石頭還一直掉，不可能啦！」當時困

在山內的小客車有三、四十輛，大卡車也有數十輛不能通行，造成嚴重阻塞。在這種情況下，我也顧不得危險催促工人，工人只好說：「好啦！我來清理，但你要來幫我指揮。」我想也有道理，當時我26歲，初生之犢年輕氣盛，就站在落石附近進行指揮，落石一下來就對工人吹哨子，等落石停了，再指揮他進入清運。這樣一連三次小型的坍方，到了第四次，整個山壁都坍下來到我的面前。當時我還算鎮定，趕緊閃身往路不通的方向躲，另一方向已經整個埋住不通，抬頭一看落腳處的山壁又搖搖欲墜整個要塌下來，此時我心想：「今天命可能要丟在這裡了。」就在千鈞一髮之際，連滾帶爬的躲回剛才已經被埋沒的落石堆上，再翻身回到路面。同行的弟兄原本以為一定沒命，要來「撿屍了」。沒想到我大難不死，爾後又繼續進行指揮清運工作。隔天光復節休假，但因持續有落石，擔心危害到用路人的安全，還是親到現場指揮。除此之外，許多次在勘災的時候，常常在下雨，即使穿雨衣全身也都會淋濕，帶著濕冷的身體翻山越嶺，用攀爬的方式，或鑽入涵洞穿越路不通的方式進行任務。有時受困在山上，一兩個禮拜吃泡麵度日。我們是用生命在護衛一條公路，這就是養護弟兄精神最可佩的地方。

　　至於最讓我感到欣慰與感動的地方，則是在災害搶修完成通車之際，道路兩旁的民眾向我們報以熱烈掌聲是最令人欣慰感動的時刻。另外，有一件令我印象深刻的是，我們局裡有一位同仁鍾金生先生，是一位癌末病患，他最後的心願是希望能搭乘高鐵，我們就向當時的局長陳晉源先生反映，沒想到他記住了，並向高鐵的董事長歐晉德先生說明事由，歐董事長答應了。於是在醫生、護士的陪同下，安排他從臺北坐到臺中，再坐返回臺北。歐董事長還送給他一個高鐵列車的

模型，以了他的心願。公路局弟兄們對同袍的友誼，以及局長對弟兄們的照顧，真令人感動萬分。

在公路局服務的日子裡，我感到印象最深刻的，莫過於民國八十三年初擔任洛韶工務段長時，當時的老長官前交通處長林則彬先生，已高齡 90 多歲，卻每年春節都會拿著拐杖到台 8 線的長春祠，去祭拜殉職的開路先鋒，一直拜到他無法前來為止。

最後，我想對社會大眾說，希望災害發生時，用路人都能遵守養護弟兄的指揮，在搶修過程中，勿貿然前行。在道路搶通後，也仍有小石掉落，危及用路人的安全，所以經過災害路段要快速通行。用路人往往因為好奇

養護英雄搶救傷患

而慢慢行駛、觀望，或未依照養護弟兄的指揮，兩邊車輛爭先恐後通過，造成阻塞，險象環生。

以上便是北橫公路參與開闢與養護弟兄的故事，讓我們深刻體會到臺灣現今公路發展蓬勃，通暢舒適，美不勝收，種種因由都須歸功於背後默默為公共安全努力付出的養護人員。當大家飽覽北橫公路之美時，請為其獻上最大的敬意，因他們的生命燃燒於大眾，結束於社會。所謂「死有輕如鴻毛，有重於泰山」，不禁讓人思吟起明·于謙的〈石灰吟〉，千古盪唱著：

千鑿萬擊出深山，烈火焚燒若等閒；
粉身碎骨渾不怕，留得清白在人間。

這就是臺灣的英雄，人民的驕傲--公路養護弟兄，讓人由衷地感佩。

叁、生態篇

北橫公路及其支線，主要穿梭於起伏丘陵和高山峻嶺，經過大漢溪流域與蘭陽溪流域，河流湍急，切割出豐富多變的河谷地形。在山嶺間地勢起伏大，高海拔區則煙嵐繚繞，雲霧飄渺，擁有清澈冰涼的高山湖泊，和古木參天的天然原始林，從低海拔的闊葉

藍雀

林，到中高海拔的針葉林，沿途可見檜木巨林群、柳杉和扁柏等珍貴樹種，在公路邊亦有依原始樹種種類，所栽植的山櫻花、臺灣欒樹、楓樹等人工林，它隨著四季變化，轉換成不同風貌，增添該公路幾許的生命色彩。以下將依主要環境與生態、古木參天桃園縣、風貌萬千宜蘭縣，以及稀有植物與動物等四個標題來細說：

一、主要環境與生態：

北橫公路氣候宜人，水源豐富，高山丘陵地形變化多端，常能自成一格形成獨特的生態環境，孕育許多特有種。除自然環境養成外，主要還是開發與養護過程中，所進行的環境評估，以及早規劃好自然保護區與森林遊樂區，讓該公路仍保有原始生態樣貌，許多瀕臨絕種動物也得以保存，如：臺灣黑熊、櫻花鉤吻鮭、藍腹鷴、褐林鴞、高砂蛇，以及大紫蛺蝶等；在植物方面，如：四照花、臺灣五葉松，以及東臺天男星等，在北橫公路或鄰近區域仍可看見。該公路所在之區域生態多樣化，堪稱北部重要的綠色生態寶庫，而

北橫公路則成為生態學者或攝影者，進入研究拍攝的重要路徑。

二、古木參天桃園縣：

　　北橫公路起於大溪鎮，經復興鄉，所到之處正是桃園縣主要的山地鄉，它長年受到大漢溪的侵蝕和切割下，產生河階臺地、峭壁、緩丘、峽谷，以及谷地等獨特地形，山脈海拔多約 500 公尺至 2500 公尺之間，低海拔氣候呈現副熱帶[18]，高海拔則呈現高山氣候[19]，其氣候陰涼溼潤，經年有雲霧，豐富的水氣滋潤成山遍野的竹林和古木，植物充滿多樣性，以及遍野蹤跡的野生動物。因此，政府規劃許多風景區和保護區，是北部最佳的生態遊憩景點，如：大溪鎮的慈湖、百吉林、小烏來、插天山自然保留區，復興鄉的達觀山風景特定區，以及東眼山國家森林遊樂區等，走訪北橫公路可放下煩躁的心靈，欣賞此地渾然天成的自然景觀，深深感受「蟬噪林逾靜，鳥鳴山更幽」的意境。有關生態說明，將以插天山、達觀山，以及東眼山為主：

---

[18] 副熱帶亦稱亞熱帶，出現在副熱帶高壓控制的地帶，一年中大部分時間受信風吹拂，盛行下沉氣流，地面溫度高，日照強，雲少，大氣穩定，其氣候也乾燥。

[19] 高山氣候較平地顯得極端不穩定，變化急劇，氣溫低、氣壓低、多霧，以及多風，一日之間的變化多端，無論是夏季或是冬季，經常有雲霧湧至，而成一片白茫茫的世界。

1.插天山：活化石「臺灣山毛櫸」的故鄉

插天山自然保留區含蓋新北市烏來區、三峽區，以及桃園縣復興鄉，在地理上屬雪山山脈北段稜脊，為北部完整的中海拔森林生態系，也是石門水庫和翡翠水庫的集水區，植物大多屬於楠儲林帶，在低海拔處則為榕楠林帶，少量的針葉樹林則分布於海拔 1,800 公尺以上之區域。該區最具代表性的植物為「臺灣山毛櫸」，是臺灣特有冰河時期孑遺樹種，也是此類植物在北半球分布的南限，與拉拉山一帶擁有一大片的純林，每月十一月初第一道寒流來襲，葉子轉為金黃色渲染整片山頭，十一月底枯葉落盡，宛如蕭瑟寂寥的枯木，三月春至新綠芽，四月又是一片翠綠茂密，隨著四季變化無窮，深深吸引絡繹不絕的登山客。此區也有不少珍稀動、植物，如：紅星杜鵑、臺灣黑熊、大紫蛺蝶、藍腹鷴，以及褐林鴞也出現於本區。

臺灣山毛櫸將山巒染成一片金黃　　插天山冰何孑遺植物→臺灣山毛櫸

2.達觀山：北臺灣氧氣最多的地方

達觀山山高約 2,000 公尺以上，原名拉拉山，素有北臺灣空氣最清新的地方，分布在北橫巴陵附近，以天然紅檜巨木林聞名，共有 22 株巨木，樹齡約 900 年～3,000 年歷史，鬱蒼通天為世所罕見，在深山廣大原始森林裡，也分布

冠羽畫眉穿梭林間

拉拉山 3 號與 4 號神木

臺灣山毛櫸。除了神木群，保護區內之嬌客，是種類多元的中海拔鳥類，最佳賞鳥時節為每年三月至五月，以及十月，依據管理處的記錄，目前野鳥共有 20 科 60 種，除了常見的冠羽畫眉、白耳畫眉、藪鳥、青背山雀，以及茶腹鳾等，更有發現瀕臨絕種的藍腹鷳的蹤跡。另外珍貴稀有的鳥類尚有：鳳頭蒼鷹、雀鷹、大冠鷲、紅隼、大赤啄木、黃山雀、赤腹山雀、白喉笑鶇、竹鳥，以及小翦尾等。還有很多難得一見的臺灣保育類動物，如：臺灣黑熊、獼猴，以及山羌等，達觀山自然保護區可謂臺灣本島賞鳥聖地，是理想的森林浴場和生態保育的重鎮。

拉拉山神木步道

3.東眼山：綠色生態寶庫

茂密的森林如波似浪，披覆在北橫公路的山頭，擁有整齊優美的林相和豐富化石的景觀，是東眼山森林遊樂區的特色。該山位於桃園縣復興鄉，海拔約 650 公尺到 1212 公尺之間，平均溫度約 21 度，氣候涼爽舒適，群山圍繞，森林繁茂，大部份是人造林，以及天然闊葉林所組成。依植物生態系可分為：針葉樹林，以及闊葉樹林兩個生態系，前者以人工造林為主，有紅檜、香杉、臺灣杉、柳杉，以及杉木

3000 萬年前蝦蟹築穴時遺留形成的生痕化石

等；後者主要樹種有：香楠、紅楠、山黃麻、青剛櫟、樟樹，以及九芎等，林下有秋海棠、菇婆芋、捲柏、倒地蜈蚣，以及一些蕨類及薹類，種類多達 115 科 282 種，非常豐富而多樣。

動物方面，主要有：臺灣獼猴、山羌、白鼻心、山豬、長鬃山羊、野兔、華南鼬鼠、赤腹松鼠，以及白面鼯鼠等。小溪流或陰濕的姑婆芋、闊葉林草叢中，也常聽見翡翠樹蛙、莫氏樹蛙、澤蛙、梭德氏蛙、褐樹蛙、腹斑蛙，以及斯文豪氏赤蛙在夏夜中鳴唱。

東眼山茂密的柳森林

三、風貌萬千宜蘭縣：

北橫公路沿著蘭陽溪流域，進入宜蘭縣以後，自然資源更是風貌萬千，蘭陽溪上游高山環繞，古木參天，沿線設有：明池國家森林遊樂區、中國歷代神木園區，以及棲蘭國家森林遊樂區等所組成的馬告生態公園。樹林筆直高大，濃蔭蔽日，紅檜及扁柏等神木散佈其中，珍貴動物如：褐林鴞與高砂蛇也棲息林中。另外，最特殊之處係高山湖泊分佈，北橫公路越過明池以後，沿線或支線有明池、松羅湖、鴛鴦湖、翠峰湖、加羅湖與神祕湖等中海拔湖泊濕地，以及雙連埤、崙埤池等低海拔湖泊濕地，其水鳥水草種類尤多，可謂是動植物種源的基因庫。其中如：東亞黑三稜、水社柳、野菱、華克拉莎，以及三儉草等皆是難得一見的特有植物。北橫公路最高點的「明池」，海拔約1150公尺，為一高山人工湖泊，週遭群山環繞，林木蒼鬱，地處山區低溫而多濕，自然景觀清幽秀麗，更有「北橫明珠」之美譽。有關生態的說明，將以天籟飄揚→馬告生態公園，以及高山湖泊→鴛鴦湖與雙連埤為主：

1.馬告生態公園：天籟飄揚

馬告生態公園係由棲蘭、明池森林遊樂區，以及中國歷代神木園區所組成，原屬退輔會管理經營，後於 2005 年 4 月以 ROT 案方式，委由椰子林企業股份有限公司接手經營，開啟拓展休閒的產業。

明池海拔 1150～1700 公尺之間，為一高山湖泊，氣候宜人，景觀動人，宛若仙境，也是理想的避暑勝地，其原始生態盎然充沛。在植物方面：除豐富的森林景觀，以及古木參天外，其枯死的檜木樹幹，矗立於樹叢中，

明池森林遊樂園區—生態

雖帶著幾許淒涼，卻也與蒼翠森林相輝應，更讓人感到生命的顫動。在動物方面：鳥類、蝶類、松鼠、鴛鴦，以及綠頭鴨等動物，皆為林間穿梭的常客，尤其是在每屆初夏，滿山蟬語齊鳴，譜出令人著迷的大自然樂章，更令人流連忘返。

明池森林遊樂區--全貌

棲蘭海拔約 420 公尺左右，面對太平山山脈，地處蘭陽溪、多望溪，以及田古爾溪匯流處，其河谷寬廣，景色天成。區內遍植柳杉，綠意盎然、古木參天，充滿著芬多精的森林浴場。梅、李、桃、杏，以及山櫻花沿步道而種植，依季節的不同，綻開不同的氛圍，更添幾許浪漫的氣息。特殊的森林浴步道、小卵石健康步道、櫻杏步道，以及梅桃步道，一路紅花綠葉，說不盡的鳥語花香與蟬鳴蟲叫，宛如天籟飄揚。[20]

棲蘭森林遊樂區－全貌

棲蘭森林遊樂區樟樹之一角

---

[20] 參見明池國家森林遊樂區資訊網，網址：http://www.yeze.com.tw/mingchih/homepage.htm。

神木園區之神木生態

神木園區海拔約1600公尺左右，於1991年始對外開放，區內多為千年以上的參天古木原始森林，有６２株紅檜、扁柏神木散布期間，株株昂然盤結於大地，巨幹扶疏，濃蔭蔽地，各樹形或攀爬，或巍立，或多代同堂，形成很特殊的景觀。各株神木分別依其生長年代命名，有孔子神木、司馬遷神木、王昭君神木、唐太宗神木、武則天神木、楊貴妃神木，以及柳宗元神木等，結合教育意義，也憑添幾許趣味。尤其享譽盛名的「人之初」，又名夫妻樹，二樹樹形酷似男與女的生理結構，看到的人無不莞爾一笑，大自然真的很奧妙。區內亦有許多楓香，每屆深秋，楓紅層層，煞是嬌豔動人，吾人可以漫步林間步道，享受森林香氣。或於林間涼亭小憩，體驗大自然美色，讓身心得到紓放和鬆弛，欣賞這難得一見的美景。[21]

神木園區之植物生態

---

[21] 參見馬告生態公園資訊網，網址：http://blog.yam.com/yeze888。

2.鴛鴦湖與雙連埤[22]：高山湖泊

鴛鴦湖海拔約為 1670 公尺，位於新竹縣尖石鄉、桃園縣復興鄉，以及宜蘭縣大同鄉交界處，為珍貴原始的高山湖泊，呈現狹長形，湖面下谷地深，極可能是後天之地形湖泊，最初為一峽谷，後因山崩阻塞而成形。地勢高而偏僻，交通不易到達，又受

鴛鴦湖自然生態保留區

到東北季風影響，雨量多，濕度高，終年雲霧繚繞，入口設立管制，少有人為建設和破壞，而保有結構完整且大面積的天然檜木、扁柏林群與多元獨特的生態圈，有別於高山人工湖泊的明池。保育對象為山地湖泊、山地沼澤生態及稀有的紅檜、東亞黑三稜、高砂蛇、褐林鴞和鴛鴦，其中「東亞黑三稜」在臺灣北部只有鴛鴦湖與神秘湖有發現記錄，可說是非常稀有的水生植物，而鴛鴦在過去調查中曾發現過，但近年來已無出現記錄。

---

22 參見農委會林務局「自然資源與生態資料庫」，網址：
http://econgis.forest.gov.tw/wetland/index.htm。

雙連埤位於宜蘭縣員山鄉的是一個天然堰塞湖，由地下湧出清泉和山中溪流匯集而成，水質清澈不受污染，水域中另有一片臺灣獨特的浮島生態環境，形成水鳥、動植物與大自然共同經營的特殊生態棲地，光計水生植物便含蓋全臺三分之一的品種，包括水社柳、田蔥、野菱、絲葉狸藻、石龍尾、蓴菜等稀有種，其它如翡翠樹蛙、臺北樹蛙、柴棺龜等野生動物也活躍其中，生態資源之豐富程度堪稱「國寶級溼地」。

上下圖皆為雙連埤的植物生態

四、稀有植物與動物[23]：

※稀有植物：

1.紅檜：

學名：Chamaecyparis formosensis Matsum。

科屬：柏科，扁柏屬。

別名：松梧、松蘿、薄皮仔、水古杉、紅肉嫦娥。

分布：臺灣特有樹種，分布於全島中海拔 1500～2150 公尺的山地，常成純林或與臺灣扁柏、鐵杉等闊葉林等混生成臺灣檜木林帶之主要樹種，是臺灣闊葉林帶主要針葉五木之一。

形態：常綠大喬木，樹形直筒，枝條稀疏，樹幹為灰紅色至紅褐色，具縱向淺裂溝，皮剝而片薄，長片條狀或方形鱗片剝落。針葉細小鱗片狀，背面無白臘，緊貼於扁平枝上，兩兩相對，左右兩側叫側葉，前後兩對稱中葉，與沒有中葉的側柏類作為主要區分。1～2 月份開花，毬果橢圓

23 參見行政院新聞局生態保育網，網址：
http://www.gio.gov.tw/info/ecology/Chinese/。
行政院農委會特有生物研究保育中心→臺灣野生動物資料庫，網址：
http://tesri.coa.gov.tw/show_index.php。
農委會林務局自然資源與生態資料庫，網址：
http://econgis.forest.gov.tw/wetland/index.htm。

形，長度 8～12 公釐，每一果鱗有 1～2 種子，種子略帶有翅，黑褐色徑約 3 公釐。檜木類僅見於日本、臺灣及北美，是古地史第三紀珍異活化石孑遺植物，因具有特殊油脂，即我們常說的芬多精，可以驅除害蟲與抗菌功效，減少蛀蟲機率，不易侵蝕，其樹齡可達千年，在森林之中常具神木化身的地位。

2.臺灣水青岡：

學名：Fagus longipetiolata（Fagus hayatae Palib ex Hayata）。

科屬：殼斗科。

別名：山毛櫸。

分布：多分布於北半球溫帶區域，目前全球僅存 13 種，臺灣僅見 1 種，主要分布於臺灣北部海拔 1300～2300 公尺山區，多生長在山稜脊上，生育地北插山可見純林。

形態：落葉喬木，樹皮光滑呈灰白色，葉子為橢圓形，具鋸齒及平行脈，兩面平滑，背面凸起，花單性同株，雄花懸垂於線狀花枝，外被金黃色長柔毛，雌花對地著生在同株具毛短枝上，堅果常為兩枚，具三條翼狀稜脊，包在卵形的殼斗中。臺灣水青岡為冰河孑遺物種，被列為珍貴稀有植物，純林稀少錯落山中，每年 11 月可見葉子轉黃色或紅色渲染山林的自然景觀。

3.紅星杜鵑：

學名：Rhododendron hyperythrum Hay。

科屬：杜鵑花科。

分布：生長於臺灣北部中低海拔 800 ～1500 公尺山地，喜陽光充足、溫暖多濕、酸性土壤的生長環境，以插天山、七星山、竹子山的闊葉林中數量較多。

形態：常綠灌木葉厚革質，長橢圓形至披針形，全緣內捲葉背有細點，葉下密被紅褐色星狀毛。花約 3 至 10 朵呈繖形狀頂生，花期為每年 3 月底至 5 月初，花冠初為紫紅色盛開後轉淡，為數量最少的杜鵑一種，曾列為臺灣稀有植物特有種。

4.東亞黑三稜：

學名：Sparganium fallax Graebner。

科屬：黑三稜科。

分布：中國、日本、印度北部，以及緬甸等區可見，在臺灣卻相當罕見，主要分布在臺灣北部、東北部、東部山區的埤沼或湖泊溼地，海拔介於 700～1700 公尺之間，僅在鴛鴦湖、神秘湖及花蓮瑞穗地區有發現紀錄，現有保育人士復育成功，轉移至福山動物園，供一般民眾方便前往一睹風采。

形態：多年生挺水草本植物，具有地下莖橫生，直立莖單生。葉細長而互生，葉片硬挺突出水面，基部鞘狀而質軟。春末開花，

呈黃白色，花期 3～4 月，為頭狀花序，單性花，雄花居於花梗上方，雌花則位於下方。東亞黑三稜是臺灣唯一的黑三稜科植物，需生長在乾淨潮濕的水中，相伴黃緣螢等昆蟲構成美麗的沼地景觀。

※瀕臨絕種哺乳類：

1.臺灣黑熊：

學名：Selanarctos thibetanus formosanus。

科屬：熊科熊屬。

別名：狗熊、白喉熊。

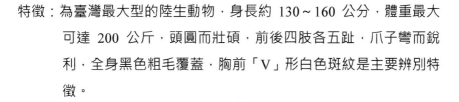

分布：臺灣特有亞種，主要分布在海拔 1,000～3,500 公尺之森林地帶，冬季多不冬眠，有時會轉移到較低海拔覓食。

特徵：為臺灣最大型的陸生動物，身長約 130～160 公分，體重最大可達 200 公斤，頭圓而壯碩，前後四肢各五趾，爪子彎而銳利，全身黑色粗毛覆蓋，胸前「V」形白色斑紋是主要辨別特徵。

習性：白天喜歡休憩於樹洞或洞穴，傍晚時出外覓食，屬於雜食性，多以植物性食物為主，冬季為繁殖交配期，母熊獨立懷胎 3 至 9 個月後，可產下 1～3 隻小熊，等幼熊滿週歲可獨立生活後才離開，否則大多時間為獨居狀態，平均壽命約 30 年。

2.石虎:

學名:Prionailurus bengalensis chinensis。

科屬:貓科亞洲豹屬。

別名:山貓。

分布:500～1500 公尺中低海拔的淺山區,自民國九十一年調查至今,發現石虎出沒與人範圍相近,棲地逐漸縮小,又面臨人為開發與野狗野貓的攻擊,數量逐日稀少。

特徵:頭軀幹長 50～65 公分,尾長 27～29.9 公分,頭圓嘴短,軀幹圓長,毛色為灰褐色,具黑褐色點 狀斑,額頭有兩條灰白色縱帶,其兩邊為黑色縱帶,最大特徵在耳背有一塊明顯白斑,身上瑰麗華美的斑紋,常常是排灣、魯凱族頭目稀有而崇高的裝飾。

習性:屬夜行性動物,白天多棲息樹洞或岩石縫中,日落後才出來活動,善游泳及爬樹,動作靈敏迅速,行動相當隱密,鮮少留下腳印和排泄物等現象。食物以囓齒類動物為主,捕獲獵物時會緊咬,至死方休。

※瀕臨絕種鳥類：

1.藍腹鷴：

學名：Lophura swinhoii。

科屬：雉科。

別名：藍鷴、華雞（臺語）、山
雞、紅腳山雞、哇雞

分布：棲息在海拔 2000 公尺以下中低海拔的闊葉林或混生林。

特徵	雄鳥	雌鳥
身長	71～72 公分	46～57 公分
翼長	24～25.5 公分	23～24 公分
尾長	34～42 公分	20～25 公分
體色	全身大部分為深藍色而帶有光澤。頭部為暗藍黑色，有白色羽冠；羽冠、後頸和背部尾羽為白色，肩羽紫紅褐色，每支羽毛邊緣都帶有紫藍色金屬光澤。	體型較雄鳥小，頭、背面、頸及腹面大致為暗褐色，並有均勻排列土黃色 V 形花紋。頭、胸有黑褐色細紋；腹部兩側有深褐色 V 形花紋。

習性：常於早晨、濃霧或天候不佳光線昏暗時出沒，以果實、種子、嫩芽為食，偶爾翻土撿食蚯蚓等無脊椎動物。警覺性高、行蹤隱密，一有動靜便鑽進草叢中，到了 4 月～6 月繁殖期，雌鳥會在地面上刨淺坑為巢，孵化約 25 天，雛鳥須兩年後才有生育功能。

2.褐林鴞：

學名：Strix leptogrammica。

科屬：鴟鴞科。

分布：棲息於中、高海拔之原始闊葉林、混交林之林緣或林內空曠地帶。

特徵：翼長 41 公分，尾長 25 公分，體長可達 60 公分，是屬於大型的鴟鴞科鳥類。上身多呈深赤褐色，肩羽上有淡色橫斑，腹面呈淡棕色，眼周圍黑色，向外漸淡成白色，眼睛呈深褐色，頸上有白帶。

習性：通常夜間出來活動，拍翅緩慢，飛行無聲無息，主食細小哺乳動物、鳥類及爬行類，每年 1 月至 3 月會在樹穴或樹枝間築巢，每窩產下 2 至 3 枚蛋，卵蛋約 28～30 天孵化。

※珍貴鳥類：

1.鴛鴦：

學名：Aix galericula。

科屬：雁鴨科鴛鴦屬。

別名：烏仁哈欽、官鴨、匹鳥、鄧木鳥。

分布：棲息於中、低海拔山區開闊、清澈、平緩而周邊有樹林環繞的溪流、湖泊地帶。

特徵：雄鳥有著艷紅鳥喙，頸部彷彿圍繞著橘色圍巾，披著帶著光

澤的藍綠色飾羽，上體深色，下體淺色，最具特色是三級飛羽特化，形成面積很大樹立於背部的帆狀結構，為耀眼的桔紅色。雌鳥顏色通體為暗啞的灰色，主要特徵為白色貫眼紋，喙灰色。

習性：雜食性，以水生動植物為主食，繁殖期從 4～9 月，雙雙對對在水邊喬木樹洞中築愛巢，約 10 月後雄雌鳥會完全脫離夫妻生活，與其他伙伴成群結隊生活，直到 12 月雄鳥換新羽毛，繁殖期再另結新歡。

2.大冠鷲：

學名：Spilornis cheela。

科屬：鷹科。

別名：蛇鷹、蛇鵰。

分布：分布於中、低海拔之闊葉森林，在臺灣之族群為特有亞種，為中低海拔地區常見之候鳥。

特徵：身長70公分，翼長47～50公分，屬中大型猛禽，成鳥背面和後頸為黑褐色，胸部和腹部和翼下為淡褐色，胸腹有白色斑點，停棲時可見明顯冠羽，在高空時翼開展保持以淺 V 字型翱翔，尾巴和翼下後緣為黑色有一條白色橫帶。

習性：屬特亞種，體型大，翼展寬廣，飛行時常發出「忽、忽、忽溜、忽溜」聲，以蛇、蜥蜴等為主食，築巢在森林近水邊的樹冠，鳥巢以樹枝條構成，一巢只生一個蛋，頗能適應開墾後的山林。

※珍貴稀有爬蟲類：

1.高砂蛇：

學名：Elaphe mandarina takasago（Takahashi）。

別名：玉斑錦蛇、玉帶蛇。

科屬：黃頜蛇科。

分布：主要棲息於嘉義以北及花東海拔 1000～2000 公尺的山區闊葉林、混合林或樹林邊緣之灌叢。

特徵：無毒之中小型蛇，頭頸部有三條黑色橫帶，身體有許多規則的菱形黑斑，其外緣與中間各有黃色細邊和橢圓形斑塊，全長可達 140 公分。

習性：棲息於山區森林底層，多於日間活動，以尖鼠等小型哺乳類為主食，也有攝食蜥蜴及蜥蜴蛋的紀錄，夏季產卵 5 至 16 枚，在臺灣數量並不多，列為二級保育類動物。

※其它：

1.大紫蛺蝶：

學名：Sasakia charonda formosana（Shirozu）。

科屬：鱗翅目蛺蝶科。

分布：陝西、河南、四川、浙江及日本，臺灣主要分布在中北部拉拉

山的巴陵及角板山之尖石、五峰一帶。

特徵：大型蛺蝶，展翅 12～15 公分，雄蝶的翅膀表面有青紫色的光澤，各室有白褐色斑，前後翅中央有紫色金屬光澤、內有白斑，雌蝶比雄蝶要大，翅膀表面沒有青紫色的光澤，而是呈茶色的。

習性：大紫蛺蝶為臺灣蛺蝶類中體型最大者，以幼蟲越冬，一年一代，幼蟲以榆科植物為主食，每年春季為幼蟲羽化季節，成蟲不訪花而以樹幹滲出之樹液為食，成蟲壽命約為 2～3 個月，在日本有「國蝶」之稱，實屬可貴。

150
生態篇

肆、文化篇

景色優美的北橫公路，是沿著大漢溪而建，其中蘊藏著以大溪為代表的漢文化、日本殖民文化以及豐富的泰雅族文化，三者交融的過程中所激盪出的美麗火花，形成它獨特的文化特色。

北橫公路的起點是大溪，這裡比較不會有水患之虞，相當適合開發居住，所

大溪老街人潮

以為漢人最早拓墾的根據地，也是早期原住民聚居處，老街上的巴洛克牌樓和當地的歷史建築，很多都是從日據時期所留，老街上的歷史遺跡，在在向現在人訴說當時的繁榮時光，彷彿帶我們走進時光隧道，體驗當時的熱鬧盛況。

大溪老街建築

大溪早期稱之為「大姑陷」，這是泰雅族語「Takoham」的音譯而來，意思是「大水」，指的是大嵙崁溪的流水，後來改成「大嵙崁」。大嵙崁溪源源不絕的豐沛流水，在兩百多年前，成為當地人貨物進出的水運要道。

大溪是平埔族凱達格蘭人霄裡社與泰雅族等原住民散居之地，從清朝雍正年間，就有漢族移民入墾拓荒。道光年間，林本源家族為了躲避臺北平原漳泉械鬥之禍，移居至大溪建立城堡，招募當地居民開墾拓荒，名為「通議第」。

李騰芳古宅是桃園縣內唯一的國定古蹟，建於咸豐十年(1860年)，當時李騰芳由附生准報捐貢生後，開心之下而建，後來清同治四年（ 1865 年 ）到福建參加鄉試中了舉人，就將「姑」字改為與「科舉」音近又有含意的「科」字，稱之「大科崁」，而他的古宅，

李騰芳古宅
圖資來源：文化部

被列為臺灣十大民宅，成為臺灣的顯赫家族之一。

　　清光緒十二年（ 1886 年 ），劉銘傳擔任臺灣巡撫，開山撫番，在光緒十三年的大溪，設置全臺撫墾總局，也因為如此，才會在「大科崁」的「科」字上加個山，成為「枓」字，從此，「大枓崁」就變成官方的正式稱呼。

　　清光緒十二年（ 1886 年 ），清朝官府在這裡「開山撫蕃」，並且設立腦務總局和撫墾總局，因為大枓崁溪航運便利，淡水和大枓崁之間的商船絡繹不絕，商務交流頻繁，漢人開始進入大枓崁開墾，外國洋行也跟著在此設立分行，從事茶與樟腦的生意，商業發展興盛，四處可見一片繁榮景象。

　　日據時期，日本的株式會社為了從事樟腦生意，相繼到此發展，所招募的工人高達數千名，為當地居民製造許多就業機會，促進經濟發展，商業發達興盛。

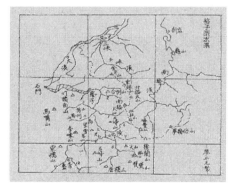

日據時期大溪的水系分佈圖

好景不常，後來大嵙崁溪的流水逐漸枯竭，河川航運每況愈下，加上經歷第一次世界大戰的摧殘，經濟開始沒落，大嵙崁越來越蕭條。到了大正五年（1916 年），商船已經沒有辦法在這條溪上行駛，航運只好宣告中止，從此之後，再也無法在大嵙崁溪上，看到商船往來的昔日景象。

　　四年後，日本政府將大嵙崁改名為「大溪」，這個地名就一直沿用迄今；而大嵙崁溪也改稱為「大漢溪」了。

昭和十年(1935 年)落成的大溪武德殿，外觀看似日本傳統社殿，屋內結構卻是屬於洋式結構，展現出傳統日據時期文化。武德殿是軍警、公職等知識份子學習柔道、劍道的地方，附近也有許多日式建築群，通常被用來當作臨時看守所或警察宿舍。

❶大溪武德殿

日本人遷離臺灣後，武德殿就廢棄不用了，戰後「大溪公會堂」即變成蔣介石住所「大溪行館」，直到1999年憲兵隊撤離後，由大溪鎮公所接管，原建築改為展示空間及兒童圖書館，並還原歷史風貌。

大溪碼頭的石版古道，彷彿依稀可見昔日工人辛苦搬運貨物，商業發達的過往景象。

大溪碼頭的石版古道

臺灣光復後，「大溪公會堂」變成「總統行館」，現在則為「大溪藝文之家」。

所以，本單元將以史前遺跡、族群細說、宗教信仰、神話故事、生活工藝，以及文學創作等六個項目分別說明：

一、史前遺跡：

在北橫公路的路線範圍，從早期開闢時就陸續挖出具有研究價值的考古發現，以目前找到的遺跡中大致如下：

※宜蘭平原的史前文化遺址：

日據時期迄今，宜蘭地區的學術性考古調查，約有下列成果：

1897 年	伊能嘉矩	記錄土器、雕刻、人偶。
1933 年	移川子之藏 宮本延人	發掘新城石棺。
1935 年	吉田茂	發現紡錘車。
1964 年	盛清沂	普調之後，區分史前遺址為兩大系統→新城、舊社系統。
1980 年	黃士強 劉益昌	全臺普調，亦及宜蘭地區。
1987 年	黃士強	溪南地區普調、試掘→亦接受新城、舊社兩系統之分類。
1992 年	連照美 宋文薰	區分宜蘭史前文化為新石器時代文化、鐵器時代十三行文化兩類。
1993 年	劉益昌	發掘大竹圍遺址，提出四大系統之分類→新城、武荖坑、舊社、中央山地。

綜合 4～8 項的調查研究成果，宜蘭平原起碼曾經存在兩種類型的文化：一是新石器時代文化（5,000～2,000B.P.），此約等於盛清沂先生所謂的新城系統；另一則為鐵器時代十三行文化（2,000～400B.P.），略相當於盛清沂先生指稱的舊社系統。

然劉益昌又從新城系統分別出武荖坑系統，其大致內容如下：

1.新城系統（5,000～3,500B.P.）

約等於新石器時代中期，內含：

大竹圍遺址（礁溪鄉白雲村）。

新城遺址（蘇澳鎮新城里）。

2.武荖坑系統（3,500～2,000B.P.）

約等於新石器時代晚期，內含：

枕頭山（員山鄉枕山村）。

內員山遺址（員山鄉永和村）。

大礁溪遺址（員山鄉枕山村）。

內城遺址（員山鄉內城村）。

月眉山遺址（三星鄉集慶村）。

大隱遺址（三星鄉大隱村）。

員山遺址（冬山鄉員山村）。

武荖坑遺址（蘇澳鎮新城里）。

3.舊社系統（1,000B.P.左右）

約等於鐵器時代，內含：

溪北：打馬煙、下番社、宜蘭農校、奇立丹、哆囉美遠、貓里霧罕、珍仔滿力等遺址。

溪南：加禮宛、社尾、新店、流流、利澤簡、奇武荖、武淵、打那岸、珍珠里簡、南搭吝等遺址。

4.中央山地系統：

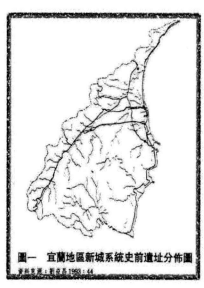

圖一　宜蘭地區新城系統史前遺址分佈圖
資料來源：劉益昌1993：44

圖二　宜蘭地區武荖坑系統史前遺址分佈圖
資料來源：劉益昌1993：45

圖三　宜蘭地區舊社系統史前遺址分佈圖

資料來源：劉益昌 1993：47

　　從上述資料[24]可以了解：

　　（1）距今約 2,000～5,000 年的新石器時代史前文化遺址（新城、武荖坑系統）‧大多分佈在近山地區→如山丘、山坡或河階地形；較晚期（2,000～400B.P.）的鐵器時代十三行文化遺址（舊社系統）‧則幾乎多分佈於海拔大約 5～10 公尺的沙丘、平地。

　　（2）考古學者均肯定：宜蘭平原上之所謂舊社遺址，與噶瑪蘭人有時空上的相關。遺址地點，也與文獻上考訂出來的噶瑪蘭舊社，大

---

[24] 引自劉益昌 1993 年：頁 44、45、47。

致吻合。因此，宜蘭平原目前已知在距今 2,000～5,000 年左右，已有住民，他們是新城、武荖坑文化系統的主人；而距今 400～2,000 年前的平原邊緣近海地帶，亦分佈著連串的聚落。

（3）宜蘭平原沿海邊緣地區遺址的文化現象，與東北角的三貂舊社遺址、北海岸的舊社系統遺址類似。這種考古現象上的類似，顯示的是：有一群文化接近的人，曾經廣泛的分佈在北海岸到宜蘭平原的沿海地區。[25]

高坡遺址近景

---

[25] 參見詹素娟：《宜蘭平原噶瑪蘭族之來源、分佈與遷徙→以哆囉美遠社、猴猴社為中心之研究》。

※出土石器[26]：

高坡遺址出土刮銷器

羅浮 I 遺址出土打製斧鋤形器

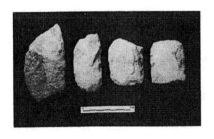

羅浮 II 遺址出土打製斧鋤形器

羅浮 III 遺址出土打製斧鋤形器

羅浮 II 遺址近景

羅浮 I 遺址近景

---

[26] 參見《台 7 線羅浮至棲蘭段拓寬改善計畫/環境影響說明書》，交通部公路
局，民國八十九年五月。

北橫公路羅浮至棲蘭段拓寬改善計畫史前遺址分布位置圖

就是因為有如此豐富的文化典藏，造就了北橫公路悠久的歷史風光，讓人身處歷史的時光隧道中，暢讀該公路的人文之美，結合眾多文化衝擊過程中，尤以泰雅文化最為豐富，光是北橫公路這段道路上，沿途就有三處泰雅文化館[27]，為該公路蒙上濃濃的原民色彩。

---

27 以下圖資來源取自該等文化館。

桃園縣原住民文化會館
桃園縣大溪鎮員林路一段 29 巷 101 號

該會館興建地下一層，地上四層建築物，總樓地板面積約 1360 坪。地下一層為：停車空間，活動中心（可容納三百人）；地上一層為：文物陳列室，值日室、輔導室；二層為：八人宿舍（二間）、貴賓房（二間）、四人宿舍（四間）、辦公室，以及資訊圖書室；三層為：四人宿舍（八間）、教室、會議室；四層為：八人宿舍（二間），以及教室。

該會館結合了原住民各族圖騰、雕刻及織布意象，裡面設有活動中心、文物陳列室、兒童遊戲場等，並提供技能訓練，藝能表演等多元服務，有助於原住民文化之傳承。

復興鄉歷史文化館
桃園縣復興鄉澤仁村中正路 168-2 號

　　該館雖以歷史文化館為名，但主要乃保存與展示珍貴的泰雅族歷
史文化為主，其它的人文、地理、典故等為輔。有豐富的照片，以及

泰雅族各式各樣的器具，如：織布、農耕、狩獵等，亦有別緻的手工藝品與富有特色的傳統住屋模型，以及影音多媒體展示系統，讓遊客可以深入了解泰雅的文化。

大同鄉泰雅生活館
宜蘭縣大同鄉泰雅生活館
宜蘭縣大同鄉崙埤村朝陽 60 號

景色優美的北橫公路有著濃濃的泰雅風情，其建築設計呈現明顯的原民特色，將泰雅族群的文物器具及歷史文化保存起來，讓民眾了解泰雅文化，前來參觀的遊客，也能對泰雅族人的生活留下深刻印象，同時可在此體驗泰雅服飾之美。

接受神靈之橋的考驗：泰雅

lokah su ga?您好嗎？（賽考利克泰雅）

二、族群細說：

　　泰雅族是臺灣分布最廣的原住民族群，分佈在臺灣中北部山區，包括埔里至花蓮以北地區。他們的居住環境有相當多的高山，例如插天山、棲蘭山、合歡山、大霸尖山、奇萊山等。

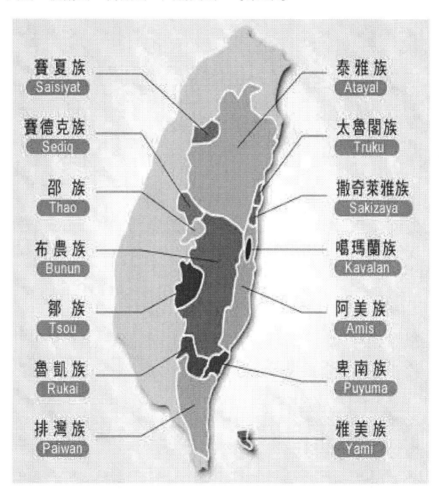

賽夏族 Saisiyat
賽德克族 Sediq
邵族 Thao
布農族 Bunun
鄒族 Tsou
魯凱族 Rukai
排灣族 Paiwan

泰雅族 Atayal
太魯閣族 Truku
撒奇萊雅族 Sakizaya
噶瑪蘭族 Kavalan
阿美族 Amis
卑南族 Puyuma
雅美族 Yami

泰雅族人織布技術發達，做工精巧花色細緻，以紅色為主，象徵血液，同時也代表源源不絕的生命力，有紋面習俗，傳統生活以狩獵開墾為主，最重要的祭典活動是祖靈祭，口簧琴與口簧琴舞為其音樂特色。

原住民傳統服裝

泰雅族是由聰明睿智，具有領導能力的人擔任部落領袖，遇到重大事情需要決定時，則由頭目召集長老開會決定，屬於平權社會，也是個講究共同分享的民族。

泰雅族人的樂器

泰雅族的部落還有其他三個重要的小團體，祭祀團體、狩獵團體及共負罪責團體（族語為 gaga）。共負罪責團體（gaga）是指一種社會規範、律法、仲裁，有點像是法律約束人民的功用，是泰雅族人日常生活的誡律，觸犯了(gaga)表示觸犯了禁忌，可能會受到神靈的懲罰。

早期原本有嚴謹的飲酒文化，從釀製到使用，都跟泰雅族的儀式有關。泰雅族人以紋面聞名，又被稱為黥面番或王字番。紋面藝術具有多重意義，除了美觀、避邪之外，也是死後認祖歸宗的標誌，另外，也可以區別敵我，避免在打仗的時候傷到自己。

紋面藝術

紋面對泰雅族人來說，男女各有不同含意。女子指的是織布技術高超，可以論及婚嫁，而男子代表英勇果敢，能夠獨當一面，而且獵的首級越多，能刺上更複雜的紋路，就像是代表勇士的勳章。成年男女紋面之後，代表已經通過考驗，取得結婚資格，如果到了一定年紀還未紋面，會被族人譏笑，並視為一種凶兆。

對泰雅族人而言，紋面是一種優美的藝術，也是一種美的裝飾，這種審美觀跟一些大洋洲或非洲的少數民族看法類似，尤其以擁有特殊花紋的紋身者最美。而「黥面」是漢人說詞，使用這個詞彙比較不適當，因此我們應該以「紋面」稱呼。

族中的勇士及織布技術超群的女子，能夠在胸、手、足、額刺特定花紋，是榮譽的象徵。泰雅族人刺青的方式在民間也很常見，紋面時，會使用一支長 25 公分的棒狀木槌，和一支長約 15 公分的木棒，末端裝上牙刷狀

泰雅族人的紋面工具

的金屬針，再用爐火中的木炭製成墨汁。被刺青的族人躺著，再由刺青師傅單手將金屬針放置臉上，以木槌擊之，流出來的血用薄竹片拭去後，再將墨汁塗在臉上。

對族人施行紋身的人必須是貞節婦女才可以從事此業，並有世襲傾向，這個風俗在日人強迫下已經漸漸消失。

另外，在北橫公路的末端，宜蘭縣大同鄉崙埤社區亦有其他少數族群分佈，在這個地區，原住民族群除了泰雅族人之外，還有一些阿美族、布農族、排灣族等族人居住其中，同時，亦有客家人、閩南人與外省人混居，多樣種族共居在

大同鄉崙埤社區

此，撞擊出豐富的多元文化，彼此共存共榮，讓這個地方融合出獨特的文化特色。

崙埤地名依泰雅族語來說，被稱為「柯優南」，有「狩獵之地」的含意，崙埤社區的「崙埤」是閩南語地名，意思是「小山崙之沼澤」。所以如果到了宜蘭，想到崙埤地區遊玩，那麼只要說出「柯優南」這個泰雅地名，可以更加容易找到這個潛藏在山林的美麗社區。

崙埤位於大同鄉最東邊位置，其中最具特色的，就是這座泰雅大橋。泰雅大橋橋身設計，讓人一眼就可以看出融合了泰雅文化，又兼具現代藝術的時尚感，泰雅大橋有著弓箭造型的路燈，菱形的裝飾圖案，加上泰雅民族圖騰的點綴，走在充滿設計感的泰雅大橋，讓來到這裡的遊客忍不住就想駐足拍照。

「泰雅大橋」是泰雅族的孩子們所冀望的夢想，如果溪上有一座橋，就不用扛著鞋子過溪了；泰雅族的父母也曾有這樣的夢想，如果能建一座橋，就不必冒著生命危險，扛著重實的桂竹，涉水到對岸的天送埤，去換幾個金幣過活。在泰雅族人們的冀望之下，泰雅大橋聯繫起族人的夢想，搭建了希望之橋。

這樣的故事背後述說著泰雅大橋興建以前，大同鄉與三星鄉兩地的居民，常提心吊膽的利用低水位時，貿然穿越蘭陽溪河床，或跋山繞行至較遠的牛鬥大橋，單單為了往返兩地，花上不少時間和精力，感到相當不便又時常有意外的

泰雅大橋夜景

風險。民國 84 年興建了連接三星鄉天送埤與大同鄉崙埤兩地的「天崙大橋」，實際造橋用意是實現大同鄉的原住民到羅東地區更加便利，所以特別改名為「泰雅大橋」。

泰雅大橋建於民國八十四、八十五年間，總長 1087 公尺，寬約 7 公尺，興建之初考量到山區地形風勢所迫的側向風之外，也為了延伸當地生活文化，特別將橋梁設計結合當地藝術與文化風采，依「大同」為泰雅語「紅色」之意，以紅、棕、褐三色為橋身主色，橋上弓箭造型的路燈，象徵泰雅族文化男人善於狩獵，而女人巧手編織的技術、顏色、菱形花紋作為護欄，靠三星鄉的一側則採用田間到處可見的鳥雀為造形，營造出親切的農村意象，符合務農為主的天送埤地景。橋下則有著用彩石排列而成的圖案，配合節慶時常舉辦藝術活動，讓泰雅大橋增添了一份活潑的人文色彩，十分具有泰雅族人獨特風味。

就是這樣的多元文化融合，讓北橫公路綻放出許多美麗的文化色彩，極具特色又充滿魅力，就等各位有空到北橫公路走一遭，實際感受北橫公路的文化景觀之美。

三、宗教信仰：

泰雅族的宗教信仰是以祖靈為主，其中以超自然的神靈(rutux)最為重要。泰雅人在治病、消災祈福時，都會祭祀（ rutux ）請求保佑，他們相信祖靈（ rutux)是宇宙主宰，也是禍福的根源，因此泰雅族人對祖靈相當服從，遵照祖訓，如此便能得到庇佑而豐收、健康，反之，則會受到祖靈處罰。

宗教信仰的神靈

祖靈祭是泰雅族人最重要的祭典，大約在八到十月小米收割後這段期間舉行，男子全部都要參加，早期女性是不能參與的。在天色未亮之際到達祭場，每人手持竹棒，上面插著要獻給祖靈的祭品。祖靈祭的祭品不能帶回部落，必須在祭祀場地吃完。回家時要先越過火堆，表示與祖靈分隔，並忌諱回頭看。祖靈祭有兩種形式：

第一種祭拜方式，族人們會先到一個定點集合，再一起前往墓地，行進時，頭目會高喊一段祭文：「祖先們！祖先們！在今天這個舉辦祭典的日子，您的子民們將以虔誠的心前來祭拜您，願祖靈能嘉納呼喊，並真誠地敬邀所有祖靈們會聚一堂，享用惠賜的祭品⋯⋯」

這段話主祭的頭目會持續唸二到三次。因為這樣祖先的靈魂才能感受到子民的誠意，他們才會前來與會。

第二種祭拜方式，是先走到墓地，每戶人家先到自己親人的墓地祭拜，之後再會合，由家族長老施行家祭。雖然祭文每個家族都有些不同，但內容大致相似，大致上是「祖先們，我們帶來這一年努力耕作的農作物，家族中每一個成員都有依照祖先的訓旨（gaga）行事，並努力耕作，我們這些子民，期待在您的庇佑下，明年的此時此刻，能夠再獻貢品與喜悅。」

　　祖靈祭的主要意義，是在告知祖靈部落與家族這一年來的生活狀況，並承諾會遵守祖訓的傳統告誡，並期許祖靈給予族群的安祥與健康。

　　在泰雅族的傳統習俗裡，任何祭典中，山豬都不能作為祭品。根據泰雅傳說，祖先往生後的世界，山豬是他們的獵犬，用山豬作為祭品，表示不給祖先們飼狗，這樣做是會觸怒祖靈的。

四、神話故事：

1.創世傳說：

紋面的由來，有很多傳說，其中較為有名的是，很久很久以前，山上有一個巨石突然裂開，生出一對兄妹。妹妹為了無法繁殖下一代而苦惱，於是建議和哥哥結婚，以便傳宗接代。可是哥哥拒絕妹妹的建議，認為兄妹是不能結婚的。

兄妹創世傳說

聰明妹妹於是想出一個辦法來騙哥哥，她對哥哥說：「明天下午，山下會有一個女人在等你，她就是你未來的妻子。」

到第二天，妹妹拿了黑灰塗上臉頰，先到相約地點等待。哥哥來了之後，認不出眼前的女人是他妹妹，兩人因此結婚，人類也就繁衍下來。但事實上，泰雅族人兄弟姊妹之間是無法結為連理，任何近親結婚都會受到祖靈嚴厲懲罰，故事中世間只剩兩個人類，為了傳宗接代，才會不得已結合。

173
文化篇

2.英勇射日：

英勇射日

很久很久以前，太陽是一個巨大的火球，因為太熱了，族人無法判斷白天跟黑夜的時間，睡眠更是無法控制。泰雅族長老們聚會討論之後決定派遣勇士把火球分成一半，讓族人能夠過著規律的作息生活。

他們精挑細選三名驍勇善戰的勇士，並各自揹著一位幼童，邁向征服烈日之路。途中沿路撒下果樹及小米種子。經過漫長的歲月，火球依舊離他們相當遙遠，走著走著，這三位勇士已經年老力衰了，他們相繼駕鶴西歸後，三名幼童也已經長大，由他們接續征服太陽的任務。

走了好久好久，他們終於抵達日出之地。但是太陽散發的熱力，使得他們難以接近，他們只好躲在山壁後面等待出擊。等了好久，機會來了，太陽漸漸昇起，散發的熱力讓三名勇士目眩昏花，久久不能適應，但勇士們不畏艱難奮力拉弓射向太陽，與太陽對抗一陣，終於射中太陽的正中心，可怕的太陽熱度逐漸減弱，降到人們可以忍受的程度，總算完成征日任務，為族人帶來安樂的生活。

3.神靈之橋 hongu utux（彩虹）：

泰雅人相信人死後須通過彩虹橋才能到達靈界。彩虹橋就是神靈之橋，並不是每個人都能隨意通過的，橋的盡頭有神靈鎮守，神靈會審斷族人在世上的一切行為，沒有紋面的男女無法順利通過，做盡

神靈之橋

惡事的人還會從橋上跌落萬丈深淵，只有善良且能夠遵守祖訓的人才能通過神靈之橋的考驗。

所以當彩虹出現時，泰雅族人會說：「有人要通過神靈之橋了。」並禁止以手指向彩虹，否則手指會變彎曲。

五、生活工藝：

泰雅傳統服裝綜合了縫製式及披掛式的形式，以麻布為主，分日常、工作服和禮用服飾。由於泰雅族並沒有明顯的階級，所以頭目家庭的穿著也和族人沒有太大差異。男子服裝的基本配件有：胸兜、披肩、額帶、頭飾、前遮陰布及刀帶等。女子服裝的有胸兜、披肩、額帶、頭飾、片裙和綁腿。

花紋以菱紋和橫條為基本元素加以組合變化，服飾中繽紛的橫線是通往彩虹橋的象徵，多變的菱形花紋象徵眼睛，代表無數祖靈的庇佑。

服裝形式是方衣形態，片裙和披巾則以同樣款式的三塊織布連縫加上綁帶所製成。上衣是用兩片一樣形式的長方織花布或平織布縫合，再預留袖口與前襟而成。服飾或織物能運用的資源很多，但大部分還是以苧麻為主。

臺灣盛產竹籐，所以原住民族群幾乎都能看到用竹籐為材料所編製出各種日常用品器具，有大有小，如籮筐、背框，首飾盒等，其中以泰雅族的竹編器具最為出色。編法主要有兩類，一個是編織編法、一個是螺旋編法。

泰雅族娶親用來背新娘的背倚

竹籐為材料所編製出各種日常用品器具

泰雅族家屋的建築格式分為半豎穴式木屋，與平地竹屋兩種基本形態。半豎穴式木屋室內中央為地灶，角落靠牆處是床，牆邊會懸掛火槍、番刀、農具等工具。基本建築構造有造基屋、築壁（在內外兩柱所夾成的空間

泰雅族傳統房屋

內堆置橫木，這段空間有空隙就用土石來填塞）、架樑（在中間的列高柱上先架棟與棟平行處的地方架起中樑和邊樑，在棟與邊樑之間傾斜架立好幾根椽，

再用藤皮綑縛起來，構成屋頂支架）、立柱（沿著土垣內豎立主柱及內外柱，用四根角柱做主要架屋）、安門窗（在橫廣場的前壁中央留置空間來安門，後壁留置三、四個小窗）、蓋頂（蓋頂材料有石板、樹皮、茅草、以茅屋頂最常見）。

淺山泰雅族人的平地竹屋與半豎穴式家屋大致相同，都是矩形兩坡屋頂家屋。除了樑柱使用木材之外，大部分使用的材料是竹材。室內土地牆壁下墊石片，室外沿著屋牆擁土墊高當作走廊，是方便用來防水所設的措施。

首棚，也就是放置人頭的地方。臺灣原住民除了蘭嶼的達悟族之外，其他族群在以前都有獵人頭的習慣。泰雅族人過去獵首習俗，歸納原因有：

1.建立功勞：在以前，泰雅族勇士崇尚勇猛善戰，只要在戰場上奮勇殺敵，獵的人頭越多，回到部落就更能受到英雄式的崇拜，能在

部落裡取得崇高的地位。

　　2.報復敵人：部落或族人被異族欺凌傷害時，為報復而獵下敵方人頭。

泰雅族的首棚

六、文學創作：

　　關於泰雅文化的相關作品相當多，不管是文藝創作或工藝作品，其成就都讓人捨不得移開目光，在這邊介紹幾位泰雅族人較為有名的人物，讓大家能夠深入了解泰雅文化。

1.瓦歷斯‧諾幹：

　　泰雅詩人瓦歷斯‧諾幹的創作量最為豐富，作品含蓋詩、散文、評論、報導文學、人文歷史等，展現泰雅雄渾的民族風情。

　　泰雅詩人瓦歷斯‧諾幹，漢名則為吳俊傑，早在原住民運動發展初期，他就是一位十分活躍的創作家，瓦歷斯‧諾幹在各大文學獎中獲獎連連，小說勇奪聯合文學獎和聯合報文學獎，而光是現代詩，就連獲時報文學獎三次，他又擅長書寫散文、文化評論與報導文學，可說是一位全方位的文學作家。

　　瓦歷斯‧諾幹的主要文學成就在於詩，他擅長使用原住民的神話傳說，創造漢詩所欠缺的魔幻想像，尤其是擅長將詩詞韻律，由原住民歌謠的渾厚唱腔來作靈活轉換，形成獨特的藝術風格。

瓦歷斯‧諾幹及其作品
作者採訪時所攝

他的著作相當豐富，詩集有《伊能再踏查》、《山是一所學校》、《泰雅孩子‧臺灣心》，散文有《永遠的部落》、《泰雅腳蹤》、《番刀出鞘》、《荒野的呼喚》等作品。

不管是書名或內容，在在表現出臺灣原住民特有氛圍，極具辨識度，他深刻觸及歷史文化的深層結構，探索原住民族的集體記憶，實際投入田野調查，顯示出他對於原住民族社會與文化相關議題的透徹了解。

2.里慕伊‧阿紀：

出身自新竹尖石鄉的泰雅族人里慕伊‧阿紀，也是一位相當傑出的泰雅作家，她曾獲得 1995 年第一屆山海文學獎散文組第一名，2000年第一屆中華汽車原住民文學獎小說組第三名。

里慕伊‧阿紀擅長用溫柔婉約的筆觸，描寫原住民女性的生活經驗，充滿女性特有的細膩與關懷，她的作品有《山野笛聲》、《祖靈祭與老獵人的嘆息》、《文明與野蠻》、《山櫻花的故鄉》、《彩虹橋的審判》等書。

里慕伊‧阿紀及其作品
圖資來源：文化部

3.馬紹‧阿紀：

里慕伊‧阿紀的弟弟馬紹‧阿紀也是相當有名的人物，馬紹曾是公共電視臺的主播兼記者，亦主持原住民新聞雜誌節目，現為原住民電視臺臺長。兩姊弟都從事寫作，主持風格溫文儒雅，不疾不徐，形象相當良好。

他的作品有《泰雅人的七家灣溪》等。作者採以他訪原住民部落新聞的經歷，書寫出泰雅族人樂天知命與無奈哀愁，藉由採訪一位泰雅老獵人，反映出獵人失去土地與獵者身分的辛酸，深刻傳達泰雅族人的傳統，與樂於傳承原住民文化的使命感。

馬紹‧阿紀及其作品
圖資來源：交通大學《喀報·馬紹‧阿紀提供》

3.多馬斯：

以《北橫多馬斯》一書成名的多馬斯，係桃園縣復興鄉泰雅族人。曾參與部落社區發展與部落生態資料庫建構工作，喜歡自然有機耕作，更喜歡貼近族人的文字創作，作品曾發表於立報、文學臺灣雜誌社，以及印刻出版社等。

他曾獲「桃園縣文藝創作獎小說組優選」、「玉山文學獎小說組優選」、「山海文化原住民文學獎小說組優選」、「吳濁流文學獎小說組首獎」、「教育部文藝創作獎小說組首獎」，以及「臺灣文學獎長篇小說組優選」等獎項，並獲得「財團法人國家文藝基金會」、「高雄市文化局」、「台北市文化局補助文學創作」等計畫。

多馬斯與粉絲合影及其作品
圖資來源：臺灣文學基地

伍、農產篇

　　北橫公路沿著充沛水量的大漢溪進入蘭陽溪流域，經過海拔落差甚大的高山、丘陵、梯田、平原和礫石灘，加上氣候四季分明、雨量充足，沿線上常可見結實累累的蔬菜水果，及鄉鎮特有或多產的代表性農產品，都是遊客必買的伴手禮。所以，本單元從大溪鎮、復興鄉、大同鄉、員山鄉、宜蘭市，以及壯圍鄉等六個鄉鎮依序來介紹：

一、豆干飄香大溪鎮[28]：

　　地形雖多丘陵臺地，平原較少，但大漢溪的河階地形帶來肥沃的土地，像綠竹筍、韭菜、火龍果等膾炙人口的蔬果都生長良好，近年來積極轉型為花卉（蘭花）、吉園圃蔬菜等精緻農業。另外，本鎮遠近馳名的大溪豆干，也全拜於清澈水質之賜，又香又 Q，風味獨特，當地農民與農會研發許多口味，讓大溪豆干揚名於外。

　　「春雨乍晴發筍嫩，秋陽還暖飄橘香」每年四月開始，高壯的綠竹生出幼嫩的筍芽後，大溪的筍農就忙著除草、施肥與培土；在梅雨的滋潤後，綠竹筍就進入採收期，而後從端午節到中秋節是盛產期，甜脆清爽的大溪綠竹筍以無比的鮮嫩度和可達四度、五度的甜度建立口碑。

　　說到大溪，人人會馬上聯想到「大溪豆干」，在早期農業形態社會，製作豆干全靠人工，需半夜起來磨豆腐，早上再挑著沿街搖鈴叫賣，

---

28 參見大溪鎮公所：http://www.dashi.gov.tw/1_3.html。
　　大溪鎮農會：http://dahshi.efarm.org.tw/。

現今因社會轉型，才有專門製作豆類製品的行業產生，其中「黃日香」、「黃大目」等已有了近百年歷史口碑。

大溪所製造生產的豆類製品，能優於其他地方生產的主要原因在於使用當地天然的水質，沒有外界一般豆干有自來水的消毒藥水味。早期的大溪豆類製品只見於少數富有人家的餐桌，或是過年過節時期才有的，直到蔣公過世後將陵寢安在大溪，間接帶動當地觀光產業，來訪遊客數激增才有了大量生產的契機，在觀光人潮的帶領，大溪豆干方才聲名遠播。

大溪所製造生產的豆類製品

二、水蜜垂涎復興鄉[29]：

　　復興鄉是桃園縣的山地鄉，一直以來是泰雅族的世居地，秉持與自然共存的概念，讓該鄉過去一直保有純樸的自然景觀，後政府倡導居民耕種並引進製腦業、茶葉、香菇、水蜜桃等高經濟效益農業，加上復興鄉是桃園縣最高海拔之鄉，擁有得天獨厚的環境，緯度高、氣候冷涼，日夜

復興鄉所生產的甜柿

溫差高達 10 度以上，當地土壤屬於石礫土，排水性佳，農民又勤於向學改良，像甜柿、桂竹筍、水蜜桃等蔬果富含水分，甜度更高，近年也適地適栽種各種花卉精緻農作，為了

復興鄉所生產的水蜜桃

結合觀光資源，農民開放農場與果園，提供遊客現採現吃的採收樂趣，為復興鄉帶來豐碩成果。

　　另外，獲得政府與農背書的「拉拉山烏龍茶」，主要產地集中在中高海拔地區，以上巴陵、光華部落、新興部落、三光村等地區為主，氣候濕冷，排水性佳，細細品茶，不但沒有

拉拉山烏龍茶

泥土味，反而香氣輕颺芬芳，被同行業者美譽為茶業界明日之星！

29　參見復興鄉公所：http://www.fu-hsing.gov.tw/。
　　復興鄉農會：http://fushin.efarm.org.tw/。

然該鄉高經濟價值的農特產品是「段木香菇」與「段木毛木耳」，它在 2006 年初步試種，據桃園縣政府農業發展處蔡宗烈處長表示，木耳是一種食用的真菌，一年僅能栽種春、秋 2 期，主要種植在冬天落葉的闊葉樹如油桐木等，接種時木頭必須要新鮮，有賴於當地不受污染的水源及在地生產的樹木，段木香菇與木耳以純天然、不添加任何藥物的方式栽培，既不會對環境造成污染，更不會破壞生態資源，是復興鄉最具價值的高經濟農產品，近年來為了配合旅遊、開拓商機，復興農民特別將栽培成功的段木切割成高約 20 公分的柱體，方便民眾買回家作為美觀的盆栽作物，如果栽種有成，還能享受收成的樂趣，木耳用於料理無論清炒或是涼拌，都是一道適合男女老少的桌上佳餚。

　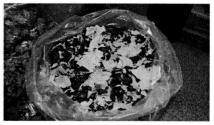

香菇　　　　　　　　　　　　木耳

三、蔬果爽口大同鄉[30]：

　　大同鄉夾於雪山山脈及中央山脈間縱谷地形，由蘭陽溪東北向分成兩部份。海拔約從 140 至 3600 公尺之間，全鄉均為山地，高山冬季降雪，聚落分散建立於河谷臺地上，坡陡地脊、農耕不易，卻很適

---

[30] 參見大同鄉公所：http://www.datong.e-land.gov.tw/index_01.aspx#。
　　參見三星地區農會： http://www.sunshin.org.tw/p1.php。

合栽種高冷蔬菜及溫帶水果，如上游高海拔的南山、四季地區高冷蔬菜多，中游的玉蘭、松羅適合種植茶園，出產的清心烏龍茶名聞遐邇，番社坑溪沿岸一帶的柑橘、蓮霧、李子等果園也大量生產，其它如香菇、鱒魚、桂竹筍等產量也很豐盛。

　　走訪大同鄉可以看見許多部落被周圍桂竹圍繞，桂竹筍是當地盛產豐富的農產品之一，屬於孟宗竹屬是臺灣的自生種 3～5 月為出筍期，常可見居民出外販售，而位於高海拔的四季村生產高冷蔬菜已達 40 年之久，以高麗菜為主，每逢 3～11 月是生產的高峰，在我國的高冷蔬菜批發中佔 70% 全都由四南地區（四季、南山）進行生產，同時也是當地居民的主要收入來源，此外，由於地勢高，離蘭陽溪較遠，雨水也容易流失，造成農地用水不易，聰明的菜農們就想一個辦法，挖出來一個模型後，用塑膠布放置在上面，將水注入池中，變成人工水池積存水源，也成為大同鄉特殊的農地景觀。

大同鄉高麗菜

大同鄉桂竹筍

四、鳳梨難忘員山鄉[31]：

員山鄉在宜蘭縣是農業鄉，位於雪山山脈尾端，蘭陽溪中游大灣道的北側，全鄉約四分之三為山坡地，地勢高而氣溫涼爽，有利於果樹和筍子的成長，如金棗、桶柑、二湖鳳梨、麻竹筍、韭菜、番石榴、蓮霧、青蔥、樂山梨等皆為盛產。近年在提倡休閒農

員山鄉所生產的鳳梨

業經營的理念下，鄉內開放崩山湖楊桃觀光果園、二湖的鳳梨果園及枕山休閒農業區為觀光果園，配合休閒農業所興設的民宿，讓員山鄉深具特色。

本鄉湖西村設有二湖鳳梨館，聽鳳梨產銷班班長江朝青先生的解說，得知宜蘭氣候潮濕多雨，本非鳳梨生長的好環境，二湖之所以能種出又香又甜的美味鳳梨，係因二湖四面環山，吹進來的風在盆地裡盤旋形成熱風，加上砂礫土壤適合鳳梨生長，且上游沒有汙染，水質純淨，因而營造出絕佳的鳳梨生長環境。

31　參見員山鄉公所：
　　http://www.yuanshan.gov.tw/releaseRedirect.do?unitID=156&pageID=4614。
　　參見員山鄉農會：
　　http://www.ysfa.org.tw/joinus_1/eq.php?pageNum_joinusMain=0&totalRows
　　_joinusMain=11。

「鳳梨」為意象的二湖鳳梨館

二湖鳳梨已有百年歷史，於每年8、9月栽種，等鳳梨花謝，需將每顆鳳梨尾端的冠芽摘除，然後利用鳳梨本身的葉片將鳳梨果實整顆包紮起來，以免流失水分及養分，成為全臺鳳梨僅有的「無尾」特色。二湖的鳳梨與一般改良鳳梨口感也大不同，體積較小、果肉纖維細緻，香甜並帶有微酸，展現道地的鳳梨風味，每年6～9月的鳳梨產季，深受廣大消費者喜好及老饕指名嚐鮮，江朝青先生更運用對鳳梨作物的了解與研究，創新研發多項鳳梨相關美味的農特產品，如鳳梨啤酒、鳳梨酥等皆大受好評，完全發揮了愛鄉土的精神，極力推廣二湖鳳梨。以「鳳梨」為意象的二湖鳳梨館。

五、鴨賞風味宜蘭市[32]：

宜蘭市有四寶：蜜餞、胆肝、鴨賞與羊羹，宜蘭市位於蘭陽平原中央，含蓋宜蘭河中游流域，地形平坦，具有先天的地理優勢與多雨的氣候，早期養鴨業興盛，鴨肉多時以鹽醃漬保存，技術流傳至今，大受男女老少的喜愛，另外，全臺九成金棗量產地也位於宜蘭市，將盛產的金棗、李子製成蜜餞，是遊客來到宜蘭市必帶的伴手禮。

本草綱目記載：「金橘→形長而皮堅，肌理細瑩，生則深綠色，熟

[32] 參見宜蘭市公所：http://e-lan.nat.gov.tw/releaseRedirect.do?unitID=151&pageID=44 14。參見宜蘭市農會：http://www.ylfa.org.tw/。

乃黃如金，其味酸甘而芳香，糖造蜜煎皆佳。」作成蜜餞是人人皆愛的零嘴，其中金橘、金棗、金柑是同一種，形狀是橢圓形，金桔、酸桔則是另一種水果，形狀是圓形的，兩者都適合生長在雨量充沛氣候冷涼的蘭陽平原上，目前花蓮區農業改良場輔導宜蘭縣栽培金桔面積約 300 公頃，產季於春節後，與「吉」同音，象徵著年節期間的好兆頭，金桔商品有發其利市的象徵，為迎合消費嗜口性，將其作成蜜餞，也做成果醬、果汁、金棗酒、金棗糕等，都是宜蘭著名名產。

宜蘭四寶：金棗

宜蘭四寶：胆肝

宜蘭四寶：羊羹

宜蘭四寶：鴨賞

六、瓜果多汁壯圍鄉[33]：

壯圍鄉東臨太平洋，蘭陽平原海岸線的中心，又居蘭陽溪下游，溪畔砂質壤土和低平地勢，極適合各類瓜果的栽種，且日照充足、排水良好、日夜溫差大，受到海洋性氣流調節作用影響，孕育了此地無論是西瓜、哈密瓜、洋香瓜或是各種玩具瓜，都能

壯圍鄉發展出來的觀光農場

瓜瓞綿綿，茂盛生長，壯圍鄉可說是宜蘭縣名符其實的瓜果王國。

在各式瓜果中，以西瓜、哈密瓜及洋香瓜為種植的最大宗，每年六、七月哈密瓜盛產時節，壯圍鄉農會均會舉辦熱鬧的哈密瓜節活動，闡述「種瓜得瓜」的耕耘精神，希望農民永續經營哈密瓜產業創造財富，也為地方帶來產業特色。

從民國七十年代初，壯圍鄉農會就開始輔導農民種植哈密瓜，由臺灣農友種苗公司引進，經不斷的育種，育成「新世紀」哈密瓜，到了八十年代，又不斷改良耕種技術，提升品質，成效不錯，壯圍鄉的哈密瓜名聲已在市場上響亮起來，為因應消費者需要，也推廣其他品種，包括狀元瓜、藍寶石瓜、秋華二號、紅密瓜、密世界瓜等等，種植面積達一、二百公頃，此外，果農們也種植香瓜、美濃瓜、西瓜等

---

33 參見壯圍鄉農會：http://jhuangwei.e-land.gov.tw/releaseRedirect.do?unitID=157&pa geID=4420。壯圍鄉農會：http://www.jwfa.org.tw/2.php。

其他瓜類，壯圍鄉逐漸蛻變成「瓜果世界」取代了稻作經營，使農村風貌呈現一片欣欣向榮的景象，農民也增加收益，美其名為宜蘭縣之「哈密瓜的故鄉」。

各式各樣的南瓜

新世紀瓜→果皮呈淡黃綠色，間有稀疏網紋，果肉淡橙色，肉質甜美，清脆可口，為瓜中之王、瓜類之珍品。

藍寶石瓜→甜度甚高，耐貯運，食後甜甜蜜蜜，難忘的餘味。

狀元瓜→果肉淡白，靠腔部為淡橙色，肉質特別細嫩，清香多汁。

陸、旅遊篇

一、大溪鎮：

大溪鎮公所地址：桃園縣大溪鎮普濟路 11 號
GPS 衛星定位：N24°53'04.44" ，E121°17' 64.28"
網址：http://www.dashi.gov.tw/
電話：03-3882201
圖片來源：大溪鎮公所。

時序雖已臻初冬，然幾年來的氣候變遷，讓冬天季節依舊是秋高氣爽，萬里無雲。秋天，雖讓人多愁善感，卻也是登高望遠，一睹蔚藍天空的好時機。走！也該是出去迎接大自然的時候，不應該躲在研究室悲秋傷春，應是坐擁青山，笑看紅塵人煙。宇風想到這裡，便起身走出研究室，朝停車場方向走去。「雲那裡！」的荷花池，早已芙蕖枯槁，蕭風颯颯，讓人不由悲愴幾許，猶記去時盛夏，荷蓋駭綠，搖曳生姿，偶而還有一陣清香，隨風起舞，真令人心曠神怡，這或許就是枯槁芙蕖所蘊釀旺盛的生命力，人生不也就是如此，黑夜過後，便是燦爛陽光的到來。

　　吉普車奔馳於大學路上，「要去那裡呢？北橫公路！」宇風心想，便閃起北橫公路的念頭。北橫公路是省道台7線的通稱，最方便是自行開車走國道3號高速公路，從桃園大溪交流道下，往大溪方向的路標直走，接3號省道，於大溪轉7號省道，再依指標前進即可。由大溪鎮起頭，經復興鄉、大同鄉、員山鄉、宜蘭市，以致到壯圍鄉止，全長129.7公里。也可以從國道3號高速公路在臺北南港接國道5號高速公路，俗稱「雪隧高」至宜蘭倒著走，非常方便。一天走完只能走馬看花不過癮，兩天一夜最恰當，保證收穫滿滿的歸來。

　　搭乘公車也可以，由大溪搭桃園客運往復興、小烏來、羅浮，以至終點站巴陵，主要的旅遊景點都有停靠，或有計程車接駁。從宜蘭方向也有宜蘭客運往員山、泰雅族文化園區、棲蘭國家森林遊樂區，以至到終點站明池國家森林遊樂區。

　　宇風生來浪漫隨興，從來不事先規劃行程，一副無所謂的樣子，因他認為：人有沒有來世不知道，明天會怎樣也不知道，我們唯一能

把握的只有當下，所以當下想做什麼，只要不違背道德良心就去做，人生已有太多的遺憾，不要再徒增感嘆！

●大溪老街：

車至大溪鎮北橫公路起點的標示，宇風便找位停下來，在牌樓右轉便是最有名的大溪老街。走進老街時，便讓人想起昔日河運全盛時期的船舶雲集、繁華如織，就是到今日也是風景、特產聞名的觀光大鎮。走一趟大溪，在街侶巷弄之間，彷彿走進一座古典與現代並存的時空光廊。

北橫公路起點

和平路老街是大溪鎮目前擁有「巴洛克式建築」牌樓立面數量最多、保存最完整的老街區，街長有 400 餘公尺，仍能見到許多傳統的工藝老店，諸如木器、打鐵、古玩、手工藝品，以及知名人氣老店。它最著名的小吃應是百年油飯，以及金字塔三角

和平路老街

湯圓。離開時，可以帶著黃日香豆干、萬里香豆干、蜂蜜黑心肝或餅舖的老婆餅當伴手禮，你的家人一定會喜歡。

中山路老街在日據時期是日本人及名門望族聚居的高級住宅區，所以街屋數量較少，並有濃厚的西方風格。相較於和平老街的活絡與

熱鬧，這裡流露出是另一種的寧靜氛圍。宇風想拍個照片留下紀念，因此就向一位身穿牛仔褲，襯衫在腰間打個結，並背著背包的女孩揮手示意。這位女孩會意後，便幫他照相。

　　小姐！謝謝。女孩以微笑回應。宇風便開著吉普車逛大溪。

中山路老街

●神牛文化園區：

　　到了神牛文化園區，要排隊買票時，眼前出現一位瘦瘦高高又熟悉的背影。宇風輕拍這位女孩的肩膀說：「嗨！妳也來參觀。」這位女孩回眸看到宇風也有點驚訝說：

　　「我們真是有緣！」於是兩人一起進入園區看神牛表演。

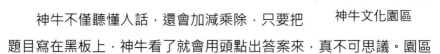
神牛文化園區

　　神牛不僅聽懂人話，還會加減乘除，只要把題目寫在黑板上，神牛看了就會用頭點出答案來，真不可思議。園區內有會跳舞的小神牛、會跳火圈的神氣豬、會飆車的肥鼠，以及威風凜凜的大公雞等。常惹得觀眾開懷大笑，是一個兼具教育、文化、休憩、神奇且老少咸宜的遊樂園區。另有農村文化主題館，介紹傳統農具的發明，使用的方法，以及農村生活，也有全省第一座祀牛廟宇

神牛算算數

「靈聖牛王廟」。

「神牛真是厲害，加減乘除都難不倒牠。」雨柔這麼說。

宇風感嘆的說：「連畜生都能教會，為什麼人教不會，我實在不相信，我想應該是教導的方法有問題，不是人的問題，孔子不也說要因才施教。」

雨柔：「你是老師嗎？怎麼說起話來頭頭是道？」

「嗯！我在○○大學任教。」

「喔！你是大學教授，真是失敬！失敬！」

宇風看著眼前這位女孩，柔中帶著瀟灑，又有一點野氣的調皮，望著入神。

雨柔輕鬆推宇風一下說：「你不要這樣看我，我會不好意思。」說完！雨柔臉頰便泛起了紅暈。

在這一剎那，久埋宇風心理最底層的……，突又響起！為不讓雨柔察覺，宇風轉移話題說：

「相傳神牛的主人張乾棋先生，是從事獸醫行業，拯救無數的動物生命。附近村民將一頭母牛難產死亡的小牛，贈送給他。他便以人工方式餵乳，並在他的悉心照顧下順利成長，培養出濃厚的感情，無論主人走到那裡，小牛就跟到那裡。小牛相當有靈性，教牠算數跳舞等表演都難不倒牠，甚至進行公開演出。後來，烏來溪邊有民眾烤

靈聖神牛廟

肉而造成火災，機伶的小牛咬斷繩子大聲嘶吼，並用牛角衝撞門戶，才避免災害的發生。數年後這頭牛因老邁死亡，村民便建造『靈聖神牛廟』來紀念牠。」

走出園區後，宇風約雨柔一起遊北橫公路，雨柔打量著那輛白色吉普車，心想：「坐上去一定很拉風刺激，又看一下宇風，心想他應該叫天兵，一副笨笨的樣子，應該是安全，何況他是老師。」

宇風不等雨柔回應便跳上吉普車說：走！我帶你看雲去。

我們先到前面慈湖站加油再出發。加滿後，我很斯文的將車開到公路上，趁雨柔不注意用力踩了油門，輪胎便發出尖銳的軋軋聲！同時也冒起一陣白煙，車子便像失韁的野馬，向前衝出。

慈湖加油站

「喂！你要飆車也告訴我一聲，害我嚇了一跳，不過好刺激喔！我喜歡。」雨柔說。

哇！好漂亮的西洋菊，沿途都是，北橫公路真是美。

雨柔的讚嘆聲還在隨風飄盪時，我們就已到了兩蔣文化園區，可能車速太快，沒幾分鐘而已。

慈湖沿途的西洋菊

●兩蔣文化園區：

「蔣公生前時非常喜歡慈湖，覺得這裡很像他的家鄉奉化，也令他想念起他的母親，所以把這地方命名為慈湖。」宇風說。

陵寢衛兵進行交接

雨柔略帶感傷的說：「要是我也像蔣公一樣被迫離家千萬里，一定也會常常想起家裡的父母親。」

宇風和雨柔有一搭沒一搭的說著，來到了慈湖陵寢前，正好碰上了陵寢衛兵進行交接，雨柔看得目不轉睛，宇風不覺莞爾一笑。

慈湖園區入口銅像

聽說後慈湖早期列為高度軍事管制區，因不受外界干擾，更意外保留了完整林相與自然生態環境，原本兩人也想到後慈湖遊玩一番，才發現要進入後慈湖還得網路事先申請（ http://backcihu.tycg.gov.tw /Cihu/ ），只好作罷。

慈湖紀念雕塑公園內之一角

慈湖紀念雕塑公園內安置臺灣各地蒐集而來大大小小的蔣公銅像，雨柔時而調皮的摸摸蔣公的光頭、時而裝模作樣的朝蔣公行三鞠躬禮，讓宇風在欣賞園裡嚴肅的政治裝置藝術時，憑添了幾分樂趣。

慈湖紀念雕塑公園內蔣公騎馬之英姿

遊客中心內部以販售兩蔣紀念商品及當地特產，雨柔買了個蔣公公仔，充當這趟北橫之行的戰利品。

逛完了慈湖、兩蔣園區，吉普車繼續開上北橫公路，不到 10 分鐘的車程就看到了百吉隧道入口。百吉隧道旁有數條環山林蔭步道，也就是俗稱的後慈湖步道，可賞鳥、登高。隧道內還有雙人手動臺車可以玩，宇風和雨柔兩人本來興致勃勃的想試試，卻碰上設備維修，兩人不由相視一笑，只得作罷。

舊百吉隧道內雙人手動臺車

隧道內部陰涼，雨柔瞄見隧道內告示，警告遊客附近有蟲蛇到隧道內「避暑」，不由得渾身打了個冷顫說：「我最怕蛇了」，我們就趕緊繼續上路。

我們在北橫公路上開著我的吉普車，好不快意。將要經過百吉時，雨柔像突然想起了件什麼事，大叫了一聲：

百吉隧道、總督府古道歡迎牌

「停！停！右轉！右轉！」

我嚇了一跳，緊急煞車，問清楚緣由，雨柔緩緩、覷覷的吐出一句：「我想去薑母島啦！」

原來前一陣子收視率極高的一部偶像劇，拍攝地點就在「阿姆坪」。阿姆

坪原是個默默無聞的地名，卻因偶像劇的拍攝一夕爆紅，劇情中的「薑母島」，其實是偶像劇杜撰出來的地名，位於阿姆坪碼頭對岸的小島，原名叫做枕頭山。生性浪漫的雨柔居然是此劇死忠的觀眾。才會在初識不久的人面前不顧形象的大叫。

●阿姆坪生態公園：

我謹遵諭令右轉入桃 63 號，在 1K+400 處連接上石門水庫環湖公路就到了。

在偶像劇魅力的加持下，當地旅行業者趁勢推出「薑母島之旅」，劇中場景如百年土地公、神仙瀑布、夢幻草原、情人島等都成旅客必遊景點。

阿姆坪生態公園

「阿姆坪」位於石門水庫中游右岸，屬大漢溪河畔臺地，周邊山巒層疊，蜿蜒的木棧道、隨處可見漂流木裝置藝術與遼闊的天空，令

人頓覺心曠神怡。園區內自然生態保存完整，形成一完善的生物鏈系統，因此鳥類眾多，是賞鳥者的天堂。

我們在碼頭搭乘遊艇，航向湖中的「薑母島」，總行程約 1.5 小時，回程時在遊艇上互望吃著熱騰騰的島上名產「薑軍包」，看雨柔吃的心滿意足、眼中帶笑，這個在今天之前對我來說全然陌生的「薑母島」，竟在我不經意時，留下生命中深刻的印記。

我們從阿姆坪再往回走，開回北橫公路，在 10K+000 處看見了黃澄澄璀璨的夕

10K+000 處大家安心的標語

陽，我不禁按下快門，大家安心也入鏡，養護弟兄真是貼心，每一路段都有一些溫馨的標語提醒遊客。

二、復興鄉：

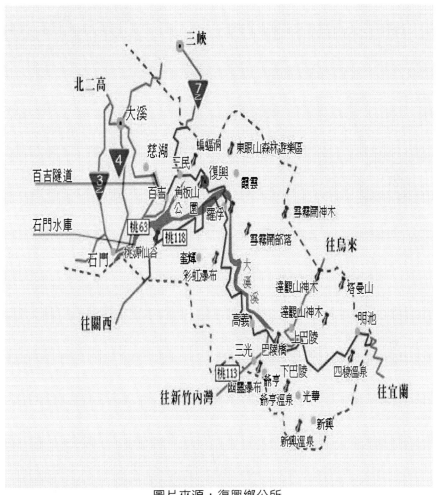

圖片來源：復興鄉公所

復興鄉公所地址：桃園縣復興鄉中正路 20 號
GPS 衛星定位： N24°49′07.0″ E121°21′03.3″
網址：http://www.fu-hsing.gov.tw/index.php。
電話：03-3822323

到了 12K+000 就進入了復興鄉三民村。三民地區擁有渾然天成的蝙蝠洞，充滿歷史故事的枕頭山步道，被評為臺灣百景的基國派老教堂，風景怡人的大窩櫻花等，實在有太多值得參觀的地點，但我與雨柔約好這次行程是二天一夜北橫之旅，

三民路口附近的警局

因此只在三民路口附近的警局與三民國小對面的超商，購買冷飲就繼

枕頭山市集

續上路。我心理想著：「留下一點遺憾，下次才會想再來。或許這樣的遺憾，才能成為我們下次相約的契機呢？」

北橫續行到 14K+500 處，如是搭乘桃園客運於枕頭山、檀林寺站下，便到了「枕頭山市集」。枕頭山市集，俗稱「大丬市集」，是北橫沿線最大的商業聚落，販賣各種復興鄉的特產，如冬天的冬筍、甜柿，夏天綠竹筍、水蜜桃、水梨、蜜李、香水李，以及西瓜等，堆滿了整個店面。我吃一個用紅山藥做成的山藥餅，雨柔則喝了一碗山藥蓮子湯，雖然剛剛吃的「薑軍包」還齒頰留香，但到了產地不吃一下特產，也真對不起我們的五臟廟。

北橫的落日餘暉

離開了熱絡的市集，行經 13K+000 處天色漸暗，我們彎進一條小徑，捕捉北橫的落日餘暉，一幅空山幽冥，蒼涼之感。

角板山商圈牌樓路口的超商

「你還真像個浪漫詩人呢！」雨柔看著我調侃的說。

約十五分鐘後，抵達角板山商圈牌樓的路口。此路口有一家規模不小的超商，在路口左轉往山的方向開，可到網路上知名、以地中海風格著稱的人氣咖啡屋→北橫公路。往右接中正路角板山公園方向開去，則可到達角板山形象商圈。

角板山形象商圈，是以泰雅族的人文特色、香菇等農業特產統一規劃成的商圈，也是復興鄉的行政中心，沿途的加油站是復興至棲蘭唯一的加油站，而且僅營業到晚上9時，如果行車至此時要注意一下油量。還有可解內急問題的國小，以及一條非常吸引人的「香菇大道」。

香菇大道短短的一條街上，十間店有九間在賣香菇。雨柔天真的說：「這輩子我從沒想過可以看到這麼多的香菇！」香菇種類真的是多到數不清，與中部的新社香菇比起來，真的是不遑多讓。還有木耳、桃太郎蕃茄、高山蜜蘋果，跟手掌一般大

角板山商圈的商店

的四季豆、各種花茶、乾貨、高山農特產等。雨柔看到現炸的炸香菇，一副忍不住垂涎欲滴的樣子，但又怕吃不完，因為這裡買的炸香菇跟夜市一樣賣50元，但份量足足有三倍之多！她邊吃邊讚許我說：「還好有你在！」而我則是很高興能被利用。我們在車上邊吃邊開往角板山公園。

●角板山公園：

　　素有「臺灣廬山」之稱的「角板山公園」園內有蔣公及夫人手植的兩棵合抱榕樹，又稱夫妻樹，行館內則展出蔣公生前的文物及史料，以及一條為防止政變衍生出的戰備隧道與逃生路徑。

角板山公園大門

　　戰備隧道全長一百公尺，是當年指揮戰備與緊急避難所。隧道內尚有留機關槍孔、路口守衛碉堡、洞口防彈牆、厚實的防彈門、通訊設備、世界地圖等。深處密道中，令人感受到一股戰時的肅穆之氣。又因深處地底，即便室外氣溫炎熱，一進入戰備隧道內暑意全消。潮濕的空氣也使

戰備隧道

得牆壁剝落、損壞，因而改將原住民特色圖騰彩繪其上，讓整個空間變得明亮、活潑起來。

　　復興青年活動中心就在角板山公園左側，提供住宿，環境還不錯，價格也合理，如果是三天兩夜遊北橫，可選擇在此住一晚，假日的晚上角板山形象商圈熱鬧非凡，非假日則顯得冷清。

狹路會車

北橫公路經羅浮後，道路彎曲狹小，有些地方甚至僅容單向通行，天色漸暗，我們繼續前行，行經 23K+000 時狹小的路面、連續的彎路，使會車顯得困難。兩車相會時，最能看出駕駛雙方的修養。如果雙方互不相讓，車陣等待的時間就會拉長。但也有駕駛技術高超的兩車，相遇時猶如大俠過招，不需片刻，只見相視一笑便擦身而過。

我心中盤算著下一站小烏來風景區的天空步道這次就要錯過了！雨柔也有點沮喪。我只好扮演一下導遊的角色，一路細說小烏來的天空，讓雨柔神遊一下，並答應她下次再帶她來。

●小烏來風景區：

小烏來瀑布因與臺北烏來瀑布神似而得名。在泰雅族的母語中，烏來代表「溫暖泉水」，故泰雅族的稱呼中，所有的溫泉都叫做烏來。小烏來位於宇內溪溪谷，共分為三層，以中段最為壯觀，落差達 50 公尺，屬「斷層懸谷型」瀑布，是北部少見的高落差瀑布。潭底水霧紛飛，煙水迷濛，猶如仙境飄渺一般。除瀑布群外另闢有親水區、景觀臺、健身步道等設施，更擁有龍鳳瀑布、風動石等著名景觀。

小烏來瀑布

近年來，更在風動石旁打造了全臺灣第一座透明的天空步道[34]，懸崖外凸出的橋面全長 11 公尺，下方深 70 公尺，橋面一次可容納 50 人，每人僅需門票 50 元，就能體驗如美國大峽谷般 360 度的視覺饗宴。

開放時間：每日 08：00～17：00（週一休園）。購票地點：天空步道收費亭。

天空步道

到 45K+000 的巴陵橋時天色已晚。

「好多星星呀！」雨柔抬頭望穿拱橋時，驚喜的喊著。

「這可是在都市叢林中看不到的！」我說。

拱形鋼橋--巴陵大橋，在夜晚尤其美麗，我們就等車子過了順其燈光拍了張照片。

「哇！好美喔！」雨柔發出讚嘆聲。

這時我發現，天地萬物在雨柔的眼中都是美好的，面對眼前這位像「謎」般的女孩，我也茫然了。

---

34 小烏來天空步道位於桃園縣復興鄉，由桃園縣政府耗資新台幣 800 萬元打造，並民國 100 年 7 月 2 日起開放民眾參觀。

與巴陵大橋比鄰而立的舊橋，先前因車行經橋面時會搖晃，故在舊橋左側興建了這座拱形新橋。夜晚來臨時，舊橋上飾以跑馬燈式小燈，一來一往亮起，別有一番活潑氣息。我們在北橫公路 47K+000 處左轉接 116 鄉道，約莫半小時便抵達上巴陵。上巴陵是北橫民宿最集中的區域，我們挑選的山莊位在非常高的海拔，因此爬了蠻高的山路。山莊的主人林姊相當親切好客，臉上總是掛著笑容。原本與先生住在臺北，公務員退休後，

巴陵大橋夜景

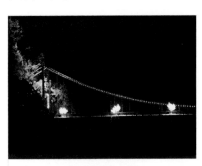

巴陵吊橋夜景

與先生兩人胼手胝足的經營起這個山莊，我與雨柔得知晚餐竟然出自她先生的手藝時，雨柔直歎：「真的不輸給高級餐廳耶！」。

一陣杯盤狼藉之後，回到小木屋休息，由於是假日來遊玩的人特別多，僅剩一間雙人房，我們也只能將就。

雨柔無意間在桌上看到山莊的名片，背面照片上有山嵐、夕照、楓紅、繁花，另一張室外木桌上佈滿十公分厚積雪，不禁跑去問林姊：「這裡會下雪？」

「對呀！每年都會有」林姊一副若無其事的回答。

「那這照片是來這的攝影師拍的嗎？」

「是我自己亂拍的啦！那個雲海有時候還會湧進來，關門都來不

及呢！」林姊不好意思的回答。

「是真的還是妳亂蓋！」我有點不相信的反駁。

我和雨柔看了她詼諧的動作說明，都不由自主的笑了出來！連一般人隨便拍，都能張張精彩，可見上巴陵有多美了。

由於巴陵地屬高海拔，在此地住宿，夜晚可盡賞山下人家星星燈火，清晨時分易見雲海，是個絕佳的住宿地。

夜已深，大地雖寂靜，但如果仔細聽，依稀可聽到大地的呢喃，我們各自洗好澡後，我選了靠門邊的單人床躺下。雨柔的臉色有點沉重，似乎也有點不安說：

上巴陵的雲湧

「喂！你會不會覺得我很隨便。」

「隨便！我不懂妳的意思。」

「唉呀！我們今天才認識，我就跟你一起來玩，還過夜，甚至是同一房間。不過我要強調，這是我人生的第一次。」

「我沒想過這個問題！不過我也是第一次邀請陌生的女孩同遊，我想這應是我們都有一份隨興與灑脫的性格使然吧！」

上巴陵民宿

「我之所以會答應與你同遊，那是因為你身為人師，應是正人君子，還有你看起來憨呆！憨呆的！一副很好欺負的樣子，所以我才敢。」

「喔！是妳存心不良，不是我。再說，老師未必然等於正人君子……」

「不管，今晚你不能欺負我。」雨柔說著便去抽屜拿了一條繩子，從兩張床中間拉起一條防線說：

「今晚不准你越過這一條線。」說完便鑽進被窩裡。

「從人類動物性本能來說，異性同房，一定會產生心動，進而衝動，而後行動，除非那個女孩長得很醜，引不起性慾，或是……所以人家都說柳下惠是同性戀者。」宇風本想逗逗雨柔的說著，但見雨柔沒反應也就作罷。

一夜雖無話，然各有心思，還有宇風難免要有一番克制。

為了不要有遺珠之憾，我隔天起個大早，準備吃完早餐再去叫醒睡美人，沒料到這女孩竟比我還早起，在仍可見到滿天星斗、微暗的晨曦中做著伸展操。對我來說，簡單的幾個動作，猶如月光下的仙子翩翩起舞，我心想：「該把她優美的背影捕捉起來。」卻發現身上沒有相機，想轉身回房去拿，又深怕錯過她的一舉手、一投足……。只好用我的眼睛記錄這一切，讓這一幕永遠留藏在我的心底吧！一剎那！

即是永恆，大概就是這個意思吧。

雨柔好似發現了我在看她，轉身問我：「你平常也這麼早起嗎？」

「平常沒有！今天本想與妳一起看日出，沒想到看到了更美的背影。」我說。

她對我報以一笑，日出就在她笑容之後緩緩升起，我們並肩在山莊的看臺上往下望，視野極佳。高義部落、蘇樂部落，以及在這兩個部落間清晰可見的鮮紅色蘇樂大橋，還有著名的卡拉部落船形教堂。

告別好客的林姊，我們驅車前往第二天的第一站--拉拉山神木區。下山時，我特別留意換打低速檔，藉由引擎來煞車。我向雨柔說明：「山路坡度高，若一直靠踩煞車減慢車速，輪胎會因過熱而冒煙。」

也許是我說話帶點說教的口吻引起她的不悅，在接下來的十幾分鐘內，雨柔不發一語。突然！她像想起了什麼事情似的眉毛一揚，帶點惡作劇的表情問我說：「請問一下我們的大教授，那你知道這裡為什麼叫拉拉山嗎？」

「拉拉山或稱達觀山，位於復興鄉與臺北縣烏來鄉的交界。在泰雅族語裡，〝拉拉〞是〝美麗〞的意思，區內全年平均氣溫約 16 度，林相豐富，深秋時，綠葉轉黃、轉紅，美不勝收，是北臺灣的賞楓據點。而且拉拉山區擁有全臺灣面積

淹進來的雲海

最大的紅檜森林，因而被譽為北臺灣氧氣最多的地方呢！」我說，心想這可以難倒我嗎？

雨柔用崇拜眼光看我，我心裡也暗自得意起來。看來，多讀點書，還是有用的。

這時雨柔遞來林姊為我們準備的甜柿。我還沒開口吃，就聽到她大叫一聲：「哦！好好吃喔！很爽口，又不會過甜，你也試試！」不過是顆甜柿，馬上讓雨柔換了個心情，真是個很特別的女孩。

部落街道

約莫半小時就到了拉拉山風景區入口，雨柔這時開心的大叫：「慶祝民國100年免收門票！我們來的真是時候！」看到她這麼開心，我也感染了她的活力。

拉拉山風景特定區入口管制站

●拉拉山風景區：

拉拉山自然保護區入口

　　拉拉山風景區遊客中心就位在神木區入口處，我們下車和入口看板的黑熊照了張像，就繼續開車到保護區內。過 5 分鐘左右，抵達拉拉山生態教育館外的停車場。此時停車場上已有一些山友在此啜飲咖啡、享用早點，看他們裝備齊全的樣子，猜想他們應是這裡的登山常客。

　　我和雨柔悠閒的走在神木區步道上，不時與迎面而來的山友互道早安，即便身處沁涼山林之中，亦能感受到人與人之間不減的熱情。

拉拉山生態教育館

　　由入口處走約 15 分鐘即可見到第一棵神木，園區內的神木樹齡在 500 年至 3000 年左右，目前編號有 22 棵，在 4 號、18 號神木附近·也很貼心的設有洗手間。沿著森林步道繞行一圈約需 1.5～2 小時。偶見松鼠、獼猴、帝雉、甲蟲，為遊客們帶來不少的驚喜，秋天時更能見滿山落葉的楓紅，可稱得上北部地區的奧萬大。

　　路程中，雨柔相當鍾情在 4 號神木區附近的一座石製洗手臺。洗手臺上的天然泉水不斷湧出，雨柔索性將背包裡喝不到一半的礦泉水全倒掉，裝了滿滿一瓶天然泉水，豪邁的喝了一大口後說：「早知道就不用自己帶水了，天然的尚好！（臺語）」

山泉水

經過 4 號神木，園區內在 5 號及 22 號分為兩條路線，往 5 號方向山路較陡，是先苦後甘型，最後也會繞回 22 號神木；由 22 號神木直行，則是先甘後苦型，山路較為平緩，最後再繞回 4 號神木。

往 22 號神木方向走去，一條蜿蜒的小溪瀑布吸引了我的注意，讓我回想起蔣經國先生所寫的《風雨中的寧靜》這本書。於是我們坐在溪旁的石頭上，我問雨柔說：

拉拉山三號神木

「你覺得什麼是寧靜呢？是一潭安靜的水，水面沒有一絲漣漪，或者一隻在瀑布下熟睡的知更鳥，你覺得哪一種才是寧靜？」

雨柔想了一下回答說：「我覺得是後者。」

「為什麼？」

「因真正寧靜的心，並不受外在的環境所影響。所以，前者是安靜，後者則是寧靜。」

「說的真好！妳還真有慧根。」

「那當然！」雨柔得意的說，笑得好甜。

這一則故事是說：從前有個富商內心常感恐懼不安，因此重金邀請兩個畫家繪製主題為平安寧靜的畫作，第一個畫家的作品中，但見一個大湖，湖面如鏡，山上景色映照湖面美不勝收；第二畫家則畫了一座瀑布，亂石崩雲中，水流湍急暴風雨狂吹不歇，富商見了極為不

悅地說：

「你簡直亂畫，這不是我要的平安寧靜！」

「您看看這裡！」畫家用手一指說。這時富商才看見在風雨斷崖瀑布旁，有一棵小灌木，頂端分枝上有個小巢，裡面安睡著一隻小鳥。

忽然間！富商為這隻安睡的小鳥深深觸動，他決定掛起這幅畫作，以作為自己隨時的提醒。

雨柔聽得入神，雙眸緊釘宇風的側臉，當宇風講完回過頭來，兩人的眼神在相互碰撞的那一剎那，打從心底產生強烈的震撼，雙方都有點不好意思，回以會心的微笑。

山中晨曦，微風徐徐，令人陶醉不已。雨柔綁頭髮的絲巾，忽然掉下，隨風飄盪、飄盪，飄到小溪的對邊。

「妳不要動，我跳過去幫妳撿。」宇風自告奮勇的說。

「哼！你連一條繩子你都跳不過，這條溪這麼寬，你跳得過去嗎！」雨柔帶著調皮的口吻說。

頓時！宇風傻了，不知這是什麼意思？不過還是把絲巾撿回來，親手幫雨柔綁上頭髮。

小瀑布

我們回程時已陸續有許多團體上山，相較於上山時的清幽寧靜，此時則是熙熙攘攘、人聲鼎沸、嬉笑聲不絕於耳，真煞風景。

回到入口處生態教育館已經開放，館內功能齊全，除了一樓有洗手間、園區生態介紹、提供定時導覽，B1 有泰雅原住民館，B2 有簡易販賣部，提供泡麵、山泉水咖啡等。

園區內，或鋪以木棧道，或鋪以碎石，但因森林內較為潮濕，行走時仍要注意地面路滑，遊客滑倒狀況時有所聞，所以教育館內也設有急救站。

我們由 116 鄉道開回北橫公路，沿途經過了多個集中式郵箱，我們見證到郵差先生們的創意與效率。

集中式郵筒

巴陵市集

昨晚經過上巴陵的市集，感覺它的氣氛像熱鬧的夜市街。到早上才知道這區域是上巴陵的行政中心，有：警察局、消防隊、國小，以及排滿準備載客上神木區的計程車隊。原來公車僅行駛到此區，遊客還要在此轉搭計程車到拉拉山風景區。車子沿著 7 號公路開到 49K+000 處，到了大漢橋，橋上有很多觀眾，我們也好奇把車停下來，走過去看看。雨柔突然叫道：

巴陵派出所

「我也要跳！」

「這是高空彈跳哩！妳敢跳？」

高空彈跳等待客報名

「我為什麼不敢跳？」

「妳先看過人家跳過的心得，再說吧！」

於是我們參與叫喊：「加油！加油！有誰敢跳快報名。」

「我來！」有一小女生自告奮勇報了名，大夥都發出驚訝的歡呼聲，掌聲不斷。

「有人跳了以後，失事過嗎？」雨柔問。

「應該沒有。」我說。心想，其實我也不知道有沒有人發生過意外，只是如果有不幸的事件，新聞應該會報導出來吧！但沒聽說，應該是沒有失事過，我是這麼想著。當那小女生站在護欄上，望著很深很深的溪谷，真讓人不寒而慄，兩腿直發軟無法站立，還得靠周邊的人扶著。小女生後悔哀求不要跳，最後卻聽到一聲很淒慘的叫聲，下去了，不知是被推，或是自己跳的，我們也搞不清楚。

橋上觀看遊客

「雨柔！如果妳要跳該妳去報名了。」

雨柔開始猶豫起來，皺緊了眉頭，看一看橋下，又深深吸了一口氣。突然反問說：

「那你為什麼不跳？」

高空彈跳

「我是個教授，國家的棟樑。不…許多的國家棟樑都要靠我栽培，我如果有個三長兩短，是整個國家人民的損失。」

「那我將來會是國家棟樑的太太呀！我死了，國家棟樑怎麼辦？」

其實，我也捨不得她跳。我笑了笑，死有輕如鴻毛，有重如泰山。沒想到這趟北橫之旅，讓我們重新審視自我存在的價值、生命的意義。真是行萬里路，勝讀萬卷書！

「走吧！上車。」我說。隨手也記下「臺灣高空彈跳俱樂部」的電話資料，好讓有興趣的人可以連絡。

BUNGY 臺灣高空彈跳俱樂部
TAIWAN BUNGY JUMPING CLUB
星期二至星期五 am10:00~pm18:00
電話：0800-234-666　傳真：02-8666-7052
23153 新北市新店區碧潭路75號
社團　手機：0933-883-885
粉絲　bungy@bungy.com.tw

三、大同鄉：

圖片來源：大同鄉旅遊導覽網

鄉公所地址：宜蘭縣大同鄉崙埤村朝陽路 38 號

GPS 衛星定位：N24° 39' 12.92", E121° 28' 15.25"

網址：http: http://datong.e-land.gov.tw/。

電話：03-9801004

過大漢橋後，路面即一路攀升，到 61K+000 處即進入桃園縣與宜蘭縣界的大同鄉。65K+000 處有道路美化楓林，我禁不住將車停了下來，捕捉這楓紅樹影。

明池山莊入口

到了 67K+000 處的明池山莊也是另一個住宿處，進行生態旅遊的地點。我們路過此處時，恰巧碰到一群重機車隊正在此處休息。我向雨柔說：「很帥吧！過陣子我也想要買一台。」雨柔則在我耳邊悄悄的說:「你可不要學他們，休息的時候抽根煙，污染了這邊的清新空氣，真不道德。」

我在此處上了公共洗手間，不久雨柔又開開心心，像發現新大陸一樣的望著我說：

「你看！這裡的電話亭，可以讓三個超人一起換裝喔！」我聽了真是哭笑不得，這女孩也太有想像力了吧？

往前續行 5 分鐘左右，就到達了「明池國家森林遊樂區」。

明池山莊--電話亭

●明池國家森林遊樂區：

明池森林遊樂區

　　森林遊樂區是北橫最高的景點，長年雲霧繚繞，是一座幽靜的高山人工湖，又有「北橫之珠」的美稱。湖水碧綠，湖中有黑天鵝、水鴨悠遊其上，魚兒、蝌蚪潛遊其下，喜歡小動物的小孩子自然不會錯過這互動的機會，把隨身攜帶的麵包與牠們共用。

小弟弟餵魚

　　「我也想餵魚耶！但是沒有飼料的販賣機，真可惜。」雨柔說。

　　「下次再來的話，我們記得要先買麵包。」我安慰著雨柔說。

「你覺得那棵樹是怎樣到湖中央的？」雨柔問。

「應是先有樹，才有湖。這湖是人工湖，樹枯了，人們在這窪地引水成湖，枯木如筆，明池如硯，西方之筆鬥山又狀似筆架，才形成這一清、奇、古、怪的特殊情景。」我回答說。

明池森林遊樂區之枯樹

雨柔恍然大悟的感嘆說:「喔！原本外行的人是來看熱鬧，內行的人還真能看出門道呢！」

明池森林遊樂區之步道

沿著環湖步道而行，踏過拱橋，享受著山中寧靜的氛圍，呼吸新鮮的空氣，讓人猶如置身於人間仙境。

我們由入口處逆時鐘而行，約莫10分鐘就到了「蕨園」。蕨園是一片人工杉柳林，早年林保處為紀念國父冥誕曾命名為「國父百歲紀念林」，後因林中潮濕幽暗，使得蕨類生長茂盛，蕨類種類達60多種，故名蕨園。我與雨柔並沒有進入蕨園內，僅僅請遊人幫我們拍了張照就繼續前行。

再前行約5分鐘，就到了「森林童話迷宮」。迷宮的構想是利用矩陣排列的人工林特性，加入了白雪公主與七個小矮人的主題。林中七座亭子頂端，各矗立一個木雕小矮人，亭中放有小矮人圖形印章、印泥，讓人們逛迷宮的同時，享受蒐集

蕨園介紹

印章的樂趣。

在環湖步道盡頭處，另有一獨立區域，名為「靜石園」。靜石園設計的古色古香，頗有宋明書院的氣息。園內尚有富春園、曲水庭等，以園中園的方式呈現自然景觀。

雨柔因見了前面的「童話迷宮」，想起不堪回首的童年往事而顯得沈默。

「雨柔！妳有心事。」

「哦！沒什麼。」

「妳是一個多愁善感的女孩。」

「是嗎！我也不知道，但這樣不好嗎？」

「不是不好，是讓人更加的憐憫，如果妳掉淚，我想我會心折。」

雨柔可以感受到宇風的關懷，這種被關懷呵護的心情，她已好久沒有感受到，雨柔以為再也沒人可為她心折。不覺，眼眶有點濕潤，心底湧上一股酸楚。為了不讓宇風看到，她便快步往前走。

左蕨園

右靜石園

●中國歷代神木園區：

　　離開了明池，我們回到北橫下坡前行，在 75K+000 處右方的 100 線道叉路口，右轉就是著名的「中國歷代神木園區」。

孔子神木

　　由於神木園區屬乙種林道管制區，禁帶外食及寵物，並有每日入園人數總量管制，僅接受預約參訪。我做事向來基於一時興起，說走就走，根本不知道要預約這回事。守衛大哥真是克盡職責，說什麼都不讓通行，只得作罷。只好再吹牛給雨柔聽：

　　「中國歷代神木園區與阿里山齊名，都被稱為神木的故鄉，也是目前宜蘭僅存的紅檜巨木區。區內神木，分別依其生長年代接近的中國歷代名人命名，例如孔子神木、唐太宗神木、司馬遷神木、武則天神木、楊貴妃神木等。」

　　我們繼續下坡，在到達棲蘭之前，行經著名的「棲蘭九彎十八拐」。這段道路由短短的十多公里陡降約 600 公尺，直探蘭陽溪河谷，且山路多有霧氣籠罩，狹彎大多急促、陡峭，驚險程度不下北宜的九彎十八拐。

　　我擔心雨柔會暈車，她卻回答說：

　　「從小我就沒有方向感，常搞不清楚東南西北。所以東南西北對我來說都一樣，也就從來不暈車，算是我沒有方向感的好處之一。」行經 86K+000 處，山路豁然開朗，放眼望去就是壯闊的蘭陽溪。這個路口也是台 7 甲的起點。右轉入台 7 甲可達棲蘭國家森林遊樂區、梨

山、中橫；沿台 7 線主線左彎，則是前往員山、宜蘭。

　　我們右轉入台 7 甲，在 3K+000 處就進入棲蘭國家森林遊樂區。不是自行開車的遊客，則可事先預約由宜蘭火車站轉往棲蘭森林遊樂區的接駁專車，也相當方便。

●棲蘭國家森林遊樂區：

棲蘭森林遊樂區入口

　　來到棲蘭，差不多是北橫東端的終點站，海拔高約 420 公尺。棲蘭國家森林遊樂區原為一梅花苗圃。蔣公行館位於整個苗圃上方，原本是梅花樹苗栽培所辦公處。行館地勢高，視野佳，坐擁青山綠水，俯瞰蘭陽、多望、田古爾三流交匯。行館內陳列蔣公留學日本時的幾何作業筆記、蔣公及夫人的書法手稿。蔣公的行文豪放不羈，蔣夫人

的書法則是工整中帶有秀氣。另外還保留著兩人在此生活時的廚房、寢室，以及當時的餐桌擺飾。以現代的眼光看來，仍是相當儉樸的。參觀的同時，還能聽到擴音器傳出具有浙江口音的蔣公演講，以及蔣夫人的英文演講。

蔣公行館

　　園區內環山步道約 2.1 公里，飽覽全程約需 90 分鐘，方便遊客親近觀賞 51 棵巨木。有鄭成功、朱熹、關羽、岳飛四棵扁柏，其餘均為紅檜。有慢性疾病者，不建議行走。另外，園內也附設有餐飲區、住宿小木屋。來到棲蘭國家森林遊樂區，可別忘了嚐嚐當地的特產猴頭菇，才真正不虛此行。

　　由台 7 甲返回台 7 線主幹，經 97K+000 處的松羅橋，再直行約 5 公里 101K+000 處可在左手邊見一加油站。右手邊則是通往三星鄉的泰雅大橋。

小木屋

　　我們在此加滿了油，繼續往前開。5 分鐘後過崙埤指示牌，需注意要馬上左轉，駛離台 7 線主幹道，往大同鄉公所方向前進。泰雅族文化園區就在鄉公所的斜對面。

泰雅大橋旁的加油站

●泰雅生活館：

大同鄉泰雅生活館

大同鄉泰雅生活館，是全臺灣 28 座原住民文化館中，評鑑為第一名的傑出文化會館。進入泰雅生活館，我們就感受到原住民朋友的熱情，不管人數多少，他們秉持著向更多人傳播泰雅文化的心進行導覽，一點也不因我們僅是兩人，就不理我們。從整個泰雅族分佈的部落、泰雅族的祖訓、紋面的意涵、娶親習俗、人生哲學，都悉心介紹，令人留下深刻印象。館內收藏收藏近 300 件泰雅族

導覽人員解說各類器具

旅遊篇

主題文物，相較於拉拉山生態教育館的內容，此處更為全面、完整。泰雅族人的生死哲學中，「室內葬」的傳統，讓人覺得印象鮮明。家中的長輩如果過世時，因懷念他、捨不得離棄，便將他葬在日常生活的木屋下方。父母雙亡時，才將兩人合葬在屋下，在原屋的附近，另建一個木屋居住，就近照顧。

室內葬示意圖

原住民生活器具

泰雅祖訓中，有明確規範冬天才是狩獵季節，其他時候就要讓動物們休養生息，而且不能獵捕母的、小的。

還有，泰雅族人的捕魚器具--魚筌，其設計精巧處是用以捕住大魚而小魚可以從夾縫中游出，確保生命能永續發展，也幾近合乎現代人生態保育的觀念。館內還設計讓民眾參觀時能有動手體驗的活動，將泰雅族人的生活模式印製成一副藏寶圖，並且將藏寶圖分割為八個部分。民眾在參觀時依照動線蒐集八個印章，即可看到全圖並可帶回留念。雨柔興致勃勃的集滿全部印章，穿上館方免費提供的泰雅服飾拍照，拿起原住民打小米的杵臼敲來敲去，玩得不亦樂乎。

印章收集

泰雅族人揹新娘的背椅

「宇風！揹我。」雨柔指著揹新娘的揹椅說。

「不好吧！那是泰雅族人娶親時，新郎揹新娘回家用的工具，要是我揹了妳，按泰雅族規，妳可要嫁給我喔！妳要想清楚。」我說。

「好啦！你要是揹得動我，我就嫁給你！」

「一言為定！」我說。

「一言為定！」雨柔說。

於是宇風使出吃奶的力量，揹了雨柔一圈，雨柔心想：「這會是真的嗎？」

宇風放下雨柔時，兩人相視而笑。宇風對於館方的巧思讚不絕口。看來這裡能成為全臺原住民文化館的評鑑第一，絕不是浪得虛名。

我們離開泰雅生活館開回北橫公路，繼續往員山鄉前進。一路上的蘭陽溪一側，看到了數家砂石場，原來蘭陽溪流域的砂石，是建築中的極品，宜蘭縣政府闢有卡車專用道。

砂石場

四、員山鄉：

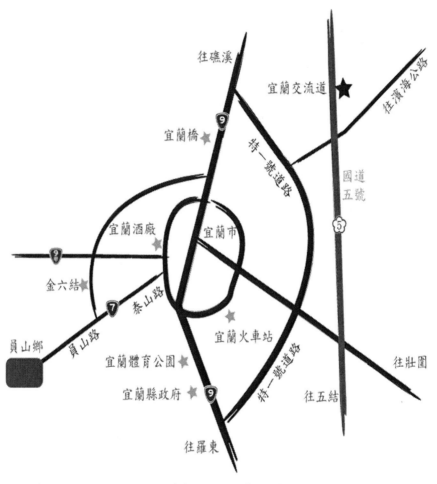

圖片來源：員山鄉公所
鄉公所地址：宜蘭縣員山鄉員山路一段 322 號
GPS 衛星定位：N24° 39' 12.92", E121° 28' 15.25"
網址：
http://www.yuanshan.gov.tw/releaseRedirect.do?unitID=156&pageID=44
16。
電話：03-9231991

●大湖風景遊樂區：

大湖風景區

　　我們進入員山鄉後，即直奔該鄉最有名的大湖風景遊樂區，當雨柔看到湖面時，不禁讚嘆說：

　　「好美喔！走我們去划船。」

　　於是我們租了一條船，邊划邊談天。

　　「宜蘭真是退休後生活的好地方。」我說。

　　「對啊！我要努力賺錢，在這邊買一塊地，蓋棟別墅。」雨柔興奮的說。

　　「妳不需要那麼辛苦，找個有錢的老公嫁了，妳要什麼有什麼。」

　　「有錢的人並不一定要娶我，更何況要嫁一定要嫁給彼此都適合

的人。」

「為什麼？」

「因兩個來自不同的環境，不同的教育背景，有不同的個性，不同的生活習慣等，總說一句有太多的不同，要生活在一起不是那麼容易。很多夫妻在相戀時，愛得要死要活，結婚沒幾年就離婚，這就是兩人並不適合所致，所以適合很重要。」

「喔！看不出來妳的婚姻觀這麼深奧。」

「哼！你們這些臭男人，離婚以後的價值不變，我們女人就可憐，離婚以後的價值，就像早期的臺幣，一路狂跌，真不公平。」

「弱水三千，我只取一瓢，真愛一次就夠。」

「宇風！你真愛夠嗎？」

我並不想回答她的問題，因那是我的遺憾，我的痛，所以顧左右而言他是當然的事。

「ㄟ這個遊樂區成立於民國八十六年十月五日，因它的湖面形狀像一隻天鵝，所以又有天鵝湖的雅號。它的湖域約有 10 公頃之多，由南側山丘形成包圍地勢，為該區塑造出幽靜的空間美景，北側則是一片平坦的稻田，每當微風拂起，稻浪疊伏，阡陌縱橫的農村景致，更讓人流連忘返。它的水源則來自於水量豐沛的雪山山脈，因此它的水源源源不絕，終年不涸乾。」我說。

大湖風景遊樂區最吸引人的風貌是它的生態景觀，因此，區內規

劃有：水上餐廳、水上咖啡屋、水踏船與竹筏、龍舟、露營區、可愛動物區，以及景觀步道等多種設施，以供遊客們使用。走一趟大湖風景遊樂區，讓大自然豐富我們的人生。

大湖風景區划船取樂

「雨柔，走！我帶妳去洗溫泉。」

「那裡有溫泉！」

「員山溫泉阿！」

「可是我沒帶泳裝。」

「買就有啦！」

於是我們上車，去「新月廣場」買泳裝，便往員山溫泉方向前進。

●員山溫泉：

員山溫泉入口處

　　我們到了員山溫泉後，這裡冷清清沒有遊客，現存的溫泉井一口，它流出約有 38℃的溫泉，是個開放式的露天溫泉，雖不太適合泡湯，因四周都是樹林雜草，尚也還算隱密，既來者則安之，我們還是進了溫泉池泡湯，我與雨柔異口同聲說：

　　「真舒服！」

　　尤其是在旅途奔波後，我想在寒冬時節，應也有意想不到的舒服。

　　員山溫泉是蘭陽溪的水系，在宜蘭河上游，聽說在日據時代是專門提供敢死隊員出勤前，泡湯享樂的場所，

員山溫泉

員山溫泉出口水

目前宜蘭市政府正在規劃為溫泉遊憩公園。

員山溫泉另有一泉源，在員山公園內，在日據時期員山公園是日本神社，現在改為忠烈祠。

員山公園有一個特色，就是抽溫泉養錦鯉，在注入魚池的牌子上寫著：「員山溫泉出口水30度」。公園設計優雅精緻，開放式空間令人愉快。

泡湯後，我們便進入宜蘭市區，整個街道景緻就熱鬧了起來。北橫公路在宜蘭市區稱為泰山路及舊城南路。由泰山路右轉進復興路三段，過宜蘭高中後約 500公尺，臺灣戲劇館就聳立在右手邊，宜蘭市文化中心旁。

忠烈祠

五、宜蘭市：

圖片來源：宜蘭市公所

鄉公所地址：宜蘭縣宜蘭市中山路二段 432 號
GPS 衛星定位：N24° 39' 12.92", E121° 28' 15.25"
網址：http://www.ilancity.gov.tw/。
電話：03-9325164

●臺灣戲劇館：

臺灣戲劇館

員山鄉是歌仔戲的故鄉，著名的歌仔戲演員楊麗花就是員山人。宜蘭市的臺灣戲劇館，其館內收藏豐富，除了民間戲劇、音樂、布袋戲木偶、傳統戲臺，以及歌仔戲服飾介紹等，到此館來瀏覽一番，好似入寶山一般，盡探歌仔戲風華。

雨柔見一位外國男性與一位本國女性，穿著歌仔戲服在舞台上表演，雖然表演得很彆扭，但台下看熱鬧的人也都笑聲不絕。

「宇風！我們也上台演一段。」雨柔說完就跑去借戲服。

「那要演哪齣戲？」

雨柔想了一下說：「梁山伯與祝英台。」

「拜託！那是悲劇。」

戲偶展示

「我不管！就因為是悲劇，才會讓我們千古傳唱，如果他們有個圓滿的結局，人們也就不會懷念他們了。」

「確是如此！就像月圓月缺，月圓讓人感受到的是圓滿的美；月

缺讓人感受到的是淒涼的美。然淒美最容易觸動我們人類的心靈，也最容易引起共鳴。」

演完後，雨柔有很深的感觸說：「我好期待這一生中，能有個像山伯那樣鍾情的人愛我，結局縱然跟他們一樣，我也不會後悔。」

歌仔戲服展示

「愛情與麵包，妳選那一樣？」

「愛情！沒有愛情我寧願死，讓我真愛過，縱是一剎那，對我而言已是永恆。」

我望著雨柔認真的神情，心想：「她是怎樣的一個女孩？」

由臺灣戲劇館開回泰山路（台7線），遇舊城南路後右轉約50公尺，就抵達了宜蘭設治紀念館。

外國人也穿起戲服

●宜蘭設治紀念館：

宜蘭設治紀念館內

所謂「設治」，即設官治理之意。清朝嘉慶十七年(1812 年)設置噶瑪蘭廳。1895年日治臺灣後，明治三十年 (1897 年) 設置宜蘭廳，廳置設於宜蘭城堡宜蘭街，即原宜蘭縣署。民國三十四年，國民政府接收後，改為臺北縣宜蘭區署。民國三十九年宜蘭正式設縣，縣政府承襲日治舊址。

宜蘭設治紀念館是一棟日式建築，在日據時代曾是宜蘭郡守的宿舍，以及光復後歷任宜蘭行政首長官邸。館內陳列了清領、日治、民國時期等宜蘭縣歷史發展的許多史料，在內部參觀時，需脫鞋進入。

宜蘭設治紀念館

雨柔一副不可置信的說：「怎麼這麼多人呀？」

我說：「這些人可不都是宜蘭縣民喔！有許多是從臺北來的，宜蘭縣政府這幾年把宜蘭發展成一個觀光大縣，尤其是雪山隧道通了之後，這裡便是臺北人週休二日的最佳去處，一個小時左右就可以來這裡遊玩。」

「太擠了！我們到別處玩。」雨柔說。

「我想一下！我們要到那裡玩呢？」我說。

宜蘭酒廠就在這附近，那裡不好停車，我們用步行的方式，由舊城南路略微左彎接舊城西路，在左手邊就看到了宜蘭酒廠的入口牌樓。

旅遊篇

●甲子蘭酒文物館：

宜蘭舊稱甲子蘭、噶瑪蘭。甲子蘭酒文物館位於宜蘭酒廠內，館內展示各種古代酒器、飲酒文化、釀酒過程、酒廠今昔等。宜蘭酒廠釀製紅露酒迄今已有90個年頭，堪稱出產紅露酒的重鎮，曾獲世界評鑑銀牌獎，極富營養價值的酒類。

宜蘭舊酒廠

製酒過程

雨柔見我以前所未有的專注力，研究館內的各種資訊，故意提醒我說：

「把酒當一種文化來看待，是無可厚非。但說真的，我覺得汽車發明以後，喝酒的人對我們國家的交通事故，其肇事率〝貢獻〞不少。所以是過大於功，害人不淺的東西。」

「我不喝酒！」我連忙搖手澄清。

「不過！文人與酒是連在一起的，文人常把酒入詩詞，無論是歡樂，抑是悲傷，酒都是不可或缺。

飲酒名人

黯鄉魂，追旅思。夜夜除非，好夢留人睡。

明月樓高休獨倚。酒入愁腸，化作相思淚。

范仲淹這首〈蘇幕遮〉，讓我這個天涯浪人吟來特別感傷。」

雨柔見我有點傷感，就用輕快的語氣說：

「我們為什麼要吟感傷的詩詞呢！我們為什麼不吟孟浩然的〈春中喜王九相尋〉：

二月湖水清，家家春鳥鳴。

林花掃更落，徑草踏還生。

酒伴來相命，開尊共解酲。

當杯已入手，歌妓莫停聲。

你看！多麼輕鬆自在。」雨柔邊吟邊起舞。

雖簡簡單單的一幕，卻讓我體悟到人生的哲理。原來我們的快樂或不快樂，並不在外在，而是在我們的內心怎麼想，凡是往好處想，人間就是天堂，不假外求。

「雨柔！謝謝妳。」接著我又說：

「平常我不喝酒，交際應酬更不喝，只有和好朋友在一起的時候喝，而且還有可能喝得酩酊大醉，這些年來我不曾喝過酒，妳就知道我的好朋友有多少。」

「我是你的好朋友嗎？」雨柔雙眸看我，眼神中似乎透露出一種

期待。

「有可能成為好朋友，但現在還不是，我又不了解妳。」

「臭美！我不理你了。」雨柔生氣的調頭就走。

為了平息她的火氣，我去買了古早味的芋頭冰，她才展出笑容。

「走！我帶妳去看海！」

由舊城西路往回走，遇舊城南路(台7線)左轉後直行，約10分鐘後，會遇到東港路右轉上東港陸橋，即可直達壯圍鄉。

壯圍鄉好玩的地方並不多，僅有：東港榕樹公園、永鎮濱海遊憩區，以及美學館等地，不過天色已晚，落日已西沉，我們並沒有太多的時間，故直接驅車去看海。

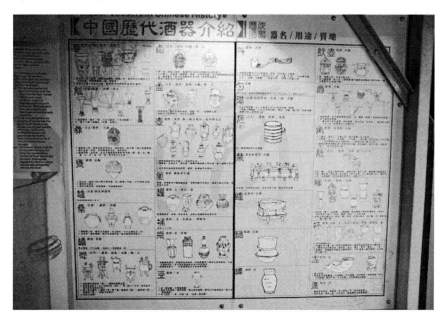

六、壯圍鄉：

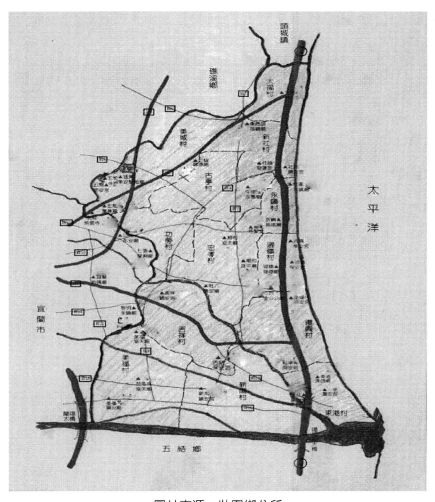

圖片來源：壯圍鄉公所
鄉公所地址：宜蘭縣壯圍鄉壯志路一號
GPS 衛星定位：N24° 39' 12.92", E121° 28' 15.25"
網址：http://jhuangwei.e-
land.gov.tw/releaseRedirect.do?unitID=157&pageID=4420。
電話：03-9383012

●永鎮濱海遊憩區：

在北橫公路 127K+000 處會遇上公館國小，馬上就可看到北橫公路的終點告示。由北橫公路終點左轉，續行向北接台 2 線濱海公路。一路上視線逐漸開闊，地平線也逐漸開展。在台 2 線 144K+000 處右方，永鎮濱海遊憩區就隱身在濱海公路上，永鎮廟旁的小徑終點。

北橫公路終點 129.7 公里

永鎮廟歷史悠久，香火鼎盛，恭奉「開漳聖王」，每年農曆二月十五日皆舉行慶典儀式，吸引成千上萬的民眾前來參拜。平時廟前的停車場，時常停滿了來玩沙戲水人們的車輛，跨年時更是

永鎮濱海遊憩區

開漳聖王廟

天未亮就一片萬頭鑽動，搶先迎接第一道來自太平洋的曙光。我們自也前去參拜一番。

永鎮濱海遊憩區設有木製步道，另有一與步道平行而鋪的自行車道，一路延伸到蘭陽溪出海口，區內也設有小亭，可供民眾休息。

到海邊時，天色雖已是落日黃昏，倒也增添幾許浪漫。

「哇！好美喔！好寬廣。深呼吸一口氣，真舒服。」雨柔讚嘆說。

「海之所以為大，就是因它能納百川；天之所以為大，就是因它能育養萬物。」我也有感而發的說。

「見到了海，我才感受到人類的渺小。好！我要學習海的心胸，努力向上。」雨柔亦有感而發。

　　我很自然牽著雨柔的手，漫步於沙灘上，細說著海的故事。雨柔感性的說：

　　「我從沒想過這趟旅程能這麼接近太平洋、聽海的聲音！如果沒有你的便車，我大概只能在火車上遠望著大海而已，真謝謝你！」

　　別忘了！**「我們最應該感謝的是養護弟兄，沒有他們的付出，我們就沒有今日的快樂。」**

　　零星的漁船燈火，盈耳的海濤聲，掩不過雨柔說話的輕柔，就像她的名字一樣。他的訴說，觸動了我的心底，很深很深的地方……我不願回應，深怕洩漏我的心情，故作鎮定！僅對她報以淡淡一笑。

濱海遊憩區

　　天已昏暗，然我們都不說話，因一說也就是離別的時候。難怪那一些「念天地之悠悠的人，見時光飛逝而會獨愴然而涕下。」但淚卻填不滿人生的遺憾。

　　「雨柔！回家吧！已快看不到路了。」這是多麼無奈的一句話。

　　我們順著國道 5 號高速公路的指示牌往前開，一路沒有塞車，10分鐘左右就上了高速公路，然而卻一路沉默，我只知道她叫「雨柔」，姓什麼我也不知道，也沒有留下任何痕跡，就像船過，雖會短暫激起無數的浪花，然最終水了無痕。**再見！**

國家圖書館出版品預行編目（CIP）資料

繁華當知來時路--北橫公路 / 蔡輝振編著～初版～
臺中市：天空數位圖書　2021.08
面：17 公分 X 23 公分
ISBN：978-986-5575-52-6（平裝）
1.報導文學　2.北橫公路　3.道路養護　4.台 7 線　5.旅遊
557.38339　　　　　　　　　　　　　　　110013489

發　行　人：蔡秀美
出　版　者：天空數位圖書有限公司
作　　　者：蔡輝振
版 面 編 輯：採編組
美 工 設 計：設計組
出 版 日 期：2021 年 08 月（初版）
銀 行 名 稱：合作金庫銀行南台中分行
銀 行 帳 戶：天空數位圖書有限公司
銀 行 帳 號：006-1070717811498
郵 政 帳 戶：天空數位圖書有限公司
劃 撥 帳 號：22670142
定　　　價：新台幣 980 元整（彩色印刷）
　　　　　　新台幣 480 元整（黑白印刷）
電子書發明專利第　Ｉ　306564　號

紙本書編輯印刷：
電子書編輯製作：
天空數位圖書公司　E-mail：familysky@familysky.com.tw　http://www.familysky.com.tw/
地址：台中市忠明南路787號30樓　Tel:04-22623893　Fax:04-22623863